한국 요약 금지

<뉴요커>
칼럼니스트
콜린 마샬의

변화하는
한국을 읽는
N가지 방법

콜린 마샬
지음

어크로스

세상에서 가장 큰 한인타운에 와서

이 책은 내가 한국어로 쓴 글과 애초에 영어로 쓰고서 한국어로 개고한 글로 구성되어 있다. 후자, 즉 영어로 된 한국 이야기를 기고할 때 나는 주로 외국인 독자를 염두에 두고 썼다. 나는 K-팝과 성형수술, 북한의 위협처럼 외신이 주로 다루는 소재 정도로만 한국을 알고 있는 외국인들에게 내가 관찰하고 만난 한국을 새롭게 보여주고 싶었다.

처음 서울에서 생활하기 시작할 때부터 지금까지 나는 매일매일 한국이라는 나라에서 영감을 받고 있다. 길거리에 주차된 현대차 포니, 텔레비전에서 방송되는 퀴즈쇼 프로그램, 미국인인 나조차 이해하기 어려운 한국식 영어, 우스꽝스러운 별명이 쓰여 있는 스타벅스 바리스타의 명찰…… 어떻게 보면 아주 사소할 수도 있는 것들까지도 내게는 에세이의 소재가 됐다.

미국 LA에 살 때부터 나는 한국의 문학과 영화 그리고 건축에 대한 글을 써왔다. 그리고 10년 전 한국 문화에 대한 글을 더 깊게, 더 잘 쓰고 싶어서 한국으로 이사 왔다. 하지만 여러 매체에 한국을 이야기하는 글을 기고해온 지 족히 10년이 지난 지금까지 나는 단 한 번도 스스로를 한국 전문가라고 생각한 적이 없다. 대신 프랑스어 단어를 빌려 한국 코노셔connoisseur라고 부르는 것이 나을 것 같다.

감정가, 감식가 정도로 번역되는 이 단어는 지식이나 정보보다 친숙함, 친밀감과 가까이 있는 단어다. 코노셔의 목표는 관심사를 박사 학위를 딸 정도로 깊이 공부하는 것보다 더 잘 '감상'할 수 있게 되는 것이다. '아는 만큼 보인다.' 최근 몇 년 동안 한국에서 자주 보고 들었던 문장이다. 그 말처럼 코노셔는 아는 만큼 즐기는 사람이라고 할 수 있겠다.

물론 나도 한국의 모든 것을 즐긴다고 말하지는 못하겠다. 나는 유서 깊은 서울의 동네가 건축적으로 가치 없어 보이는 대규모 아파트 단지로 재개발될 때마다 안타까움을 느낀다. 한국이 영어 학습에 올인하는 것도, 서양에 집착하는 것도 그만뒀으면 좋겠다고 생각한다. 해마다 다르게 진화하는 성형수술이 한국 사람들에게 주는 것은 어울리지 않는 이목구비에 불과하다고 느낀다. 세계를 휩쓸고 있는 K-팝 역시 내게 큰 즐거움을 주지 못한다. 하지만 이런 사회경제적 현상에 대해 불평하는 것은 큰 의미가 없을지 모른다. 칼럼니스트로서 내가 하고 있고, 또 하고 싶은 일은 한국을 이해하는 데 도움을 줄 수 있는 새로운 관점을 찾아내는 것이다.

어떤 나라나 사회도 그 전부를 완벽하게 이해하는 일은 불가능하다. 해외에 살아보거나 여행을 위해 방문해본 한국인들이라면 충분히 공감할 것이다. 그런데 한국을 방문하는 기자나 학자, 여행객 중 내가 관찰한 너무 많은 사람들이 한국을 겉핥기처럼 훑어보고 떠나버린다. 그들 대부분은 한국어로 된 책 한 권 읽는 것은 고사하고 한국어를 배우는 것에조차 관심이 없다. 그렇기 때문에 그들은 한국을 더 깊이 이해하는 일에 번번이 실패한다.

무엇보다 그들은 설명하고 분석해야 할 대상으로 한국에 접근한다. 하지만 내 경험에 비추어볼 때 설명을 위한 설명을 목적으로 쓰인 글은 백이면 백 모두 지루하다. 블로그나 SNS, 유튜브처럼 점점 더 다양해지는 매체에서 활동하는 외국인들도 크게 다르지 않다. 좋은 점과 싫은 점을 길게 나열하면서 한국 사회 전체를 설명하고 평가하는 일은 결코 효과적이지도 매력적이지도 않다. 그와 같은 방식으로 한국에 대해 이야기하는 외국인들은 자신의 독자나 시청자를 모두 외국인으로 설정한다. 마치 내가 처음 한국에 왔을 때 외국인 독자를 대상으로 한 글만 영원히 쓸 것이라 믿었던 것처럼.

난 여러 시행착오를 겪으며 한국어로 글을 쓰는 법을 배웠다. 그와 함께 한국인들 몇몇이 내가 쓰는 글을 발견하기 시작했다. 놀랍게도 그들은 내가 한국을 무작정 긍정적으로 다룰 때보다 한국의 많은 것들에 비판적으로 접근할 때 내 글을 호평했다. 많은 외국인과 마찬가지로 처음 한국에 살기 시작했을 무렵의 나는 한국인들이 날카로운 비평과 건설적 비판을 싫어하는 꽉 막힌 사람들이라고 생각했다. 하지만 한국에서 생활하며 한국에 대해 글을 쓴 지 몇 주 만에 그 편견은 산산이 깨졌다.

한국인 독자의 도움으로 내가 쓴 글을 더 잘 이해하게 된 적도 많다. 예를 들어 어크로스 출판사의 편집자들이 '한국 요약 금지'라는 멋진 제목을 제안했을 때가 그러했다. 그때 나는 이 책에 담은 글들의 의미와 가치를 더 깊이 생각해볼 수 있었다. 소설이나 영화 같은 예술 작품을 요약하면 재미와 호기심이 급격히 떨어진다. 그처럼 한 나라를 한두 마디의 말로 줄여 부르는 건 막연하고 지루한 일이다. 김치의 나라 한국. 삼성의 나라 한국. 자살의 나라 한국. BTS의 나라 한국. 요즘 많은 사람들이 이러한 압축된 개념을 사용한다. 물론 이런 단어들에 진실이 전혀 담겨 있지 않은 것은 아니다. 하지만 이 말들은 실제 한국의 복잡하면서도 모순적인 현실을 제대로 전달하지 못한다. 평생 한국에 살아온 독자라면 그런 현실을 나보다 더 잘 알 것이다. 독자들이 이방인인 나의 경험을 바탕으로 생각할 거리를 만나보기를 바란다.

모든 한국인이 이 책에 들어 있는 글에 동의할 것이라고 생각하지 않는다. 책을 만들기 위해 지난 10여 년에 걸쳐 쓴 글들을 다시 읽어보면서 글을 쓴 당사자인 나조차 쉬이 동의할 수 없는 부분들이 많았다. 그 이유는 여기에 살면서 한국을 바라보는 나의 관점도 늘 변화해왔기 때문이다.

하나의 외국어를 배우면 또 다른 하나의 자아가 생긴다는 말이 있다. 그 말처럼 내가 한국어로 쓴 글과 과거 영어로 써두었던 글은 사용하는 단어에서 사고방식 그 자체까지 거의 모든 면에서 다르다. 이 이중인격과 비슷한 상태는 한국에 오래 체류하는 외국인에게 축복이자 저주다. 하지만 시간이 흐를수록 그렇게 복잡하게 뒤섞인 알 수 없는 상태가 나를 더 즐겁게 만든다. 내가 한국이라는 나라의 코노셔로 계속 살아가고 싶은 이유다.

2024년 2월
콜린 마샬

차
례

1부

모두가 싫어하지만
아무도 떠나지 않는 도시에서

2부

번역기도 어려워하는 한국어의 맛

3부

이건 제가 알던
K가 아닌데요

4부

이 나라 사람들이
쿨할 수 없는 이유

일러두기

1. 이 책을 구성하고 있는 다수 원고는 저자가 〈뉴요커〉, 〈로스앤젤레스 리뷰 오브 북
   스〉, 〈가디언〉에 영어로 기고한 글이다. 출간을 준비하며 한국어로 개고 및 재구성
   했다. 저자의 의도와 한국어 고유의 의미를 정확히 전달하기 위해 편집부와 함께 수
   정 작업을 진행했다.
2. 일부 원고는 저자가 직접 한국어로 쓴 글이다. 의미는 통하지만 어색한 표현과 맥락
   을 편집부가 저자의 동의하에 이해하기 쉽게 바로잡았다.

1부

모두가 싫어하지만
아무도 떠나지 않는 도시에서

서울은 분명히 나에게
큰 좌절을 줄 것이다

3주 전, 나는 로스앤젤레스 코리아타운에서 한국으로 이사했다. 갑작스러운 이사가 아니라 수년간의 계획 끝에 이루어진 이사였다. 편도 비행 날짜가 몇 달 앞으로 다가오면서 점점 더 나는 같은 질문에 반복해서 답해야 한다는 압박감에 시달렸다. 많은 미국인들이 1950년대에 일어난 전쟁의 장소로만 알고 있는 인디애나주 크기의 나라, 1970년대 텔레비전 드라마의 배경이 되었고 가난한 군사주의 국가를 북쪽에 이웃으로 둔 나라, 최근에는 청각적으로나 시각적으로 잘 구분되지 않는 K-팝 가수들이 무대를 가득 채우는 나라. 그곳에 가기 위해 태평양을 건너기까지 하는 이유가 무엇이냐는 질문이었다.

　물론 나는 한국으로 이사 온 최초의 미국인이 아니다. 요즘엔 많은 미국인들이 한국에 다녀온 사람을 몇 명은 알고 있을 정도다. 그간 한국에 다녀온 미국인들에게는 전형적인 패턴이 있다. 한국에 주둔했던 미군. 학자금 대출을 갚기 위해 한국에서 한두 해 정도 영어를 가르쳤던 대학 졸업생 등이 그들이다. 군인들과 영어 강사들은 여전히 한국에서 서양인의 존재감을 각인시키는 데 많은 역할을 하고 있다. 하지만 이사를 결심하던 무렵의 나는 그 대열에 합류하고 싶지 않았다. 정해진 역할과 흔히 예상되는 유형에서 벗어나 나만의 길을 가고 싶었다.

생뚱맞게 들릴지도 모르지만 내가 이런 종류의 모험을 결심한 것은 일본과 밀접한 관련이 있다. 일본은 2차 세계대전 이후 수많은 영어권 국가 출신의 외국인이 쓴 회고록과 관찰 기록에 영감을 줬다. 나도 일본을 다룬 그 책들을 즐겨 읽고 일본의 역사를 공부한 적이 있었다. 일본에 거주하는 서양인의 내러티브는 꽤 정형화된 형태를 띠고 있다. 반면 어느 누구도 아직 한국에 정착한 재한 서양인의 서사를 구체적으로 정형화하지는 못했다. 19세기 후반 이사벨라 버드 비숍과 천문학자 퍼시벌 로웰, 20세기 후반 사이먼 윈체스터, 마이클 스티븐스, 클라이브 레더데일 등이 한국에 대한 에세이를 썼음에도 말이다. 그런 점에서 나는 한국을 몸소 경험해보고 싶었다. 이것은 내가 미국을 떠나 한국으로 가기로 마음먹은 결정적인 이유 중 하나였다.

제1세계 국가에서 계속 살고 싶다는 마음에 조금씩 변화가 생겼던 것도 한국으로 이사하기로 한 또 다른 이유였다. 로스앤젤레스에 살 때 나는 공공 화장실을 찾아 정처없이 헤매거나 다음

열차를 타기 위해 플랫폼에서 15분이나 기다려야 했다. 그럴 때마다 난 애초에 열차에 탈 수 있는 것이 그 자체로 행운이라고 스스로에게 최면을 걸어야만 했다. 한국으로의 이사를 고민하는 과정에서 나는 종종 그런 과거의 감정을 떠올리며 곱씹었다. 유력 정치인의 거친 발언처럼 내 조국 미국이 제3세계로 전락했다고까지 말하진 않겠다. 그러나 이제 미국이 제시하는 표준이 명백히 쇠퇴하는 강대국의 표준에 가깝다는 사실을 누가 반박할 수 있을까? 부족하고 낡은 인프라, 법에 대한 쓸쓸하고 헛된 집착, 전성기 시절 너머를 보지 못하는 무능력 등을 보면 말이다.

지난 10년 동안 일부 한국인들도 과거를 되돌아보기 시작했다. 주로 당시 대통령이었던 박근혜에게 투표한 기성 세대가 그 주인공이었다. 박근혜는 독재자 박정희의 딸이다. 박정희는 1960~70년대 '한강의 기적'이라 불린 대한민국의 산업화를 이끈 인물이었다. 신화 그 자체였던 1950년대로 미국을 되돌리겠다는 일부 미국 정치인들처럼 박근혜는 노골적으로 '제2의 기적'을 약속했다. 그럼에도 한국 사람들 중 아무도 전쟁으로 폐허가 된 그 시절의 한국으로 돌아가, 다시 기적을 일으키고 싶어 하지 않으리라는 사실에 나는 큰 위안을 얻었다.

21세기 들어 미국과 한국은 어느 정도 그 위치가 바뀐 것 같다. 전자는 후자에 비해 다소 초라해 보이고, 후자를 살아가는 한국 사람들은 전반적으로(지난 수십 년간 엄청나게 빠른 속도로 진행되었던 경제성장이 이제 둔화되리라는 우려에도) 여전히 미래를 좋은 것으로 간주한다. 나는 최근 수년 동안 미래가 좋을 것이라 생각하는 미국인을 만나본 적이 없다. 한국에 관한 저명한 저술가인 한 영국인 동료도 1980년대 초 고국을 떠날 때 그런 무력감을 똑같이 느꼈다고 말했다. "하지만 한국에서 나는 미래에 대한 낙관을 발견했다." 뒤이어 그는 말했다. "내 발걸음에 봄이 온 것이다."

그렇다고 해서 한국인의 삶에 만연한 위계 문화, 충격적일 정도로 높은 자살률, 20년마다 한 번씩 발생하는 대형 재난 등의 어두운 면이 현재 한국인의 삶과 아무런 관련이 없다는 건 아니다. 하지만 책, 영화, 음악, 음식, 미디어, 비즈니스, 일상과 같은 다양한 영역에서 드러나는 한국 문화의 가장 흥미로운 요소들, 즉 어둠과 빛(그리고 그 둘의 필연적이고 복잡한 혼합)은 모두 인정받을 만한 것이며 앞으로도 충분히 주목해야 할 주제들이다.

"모든 인간에게는 두 개의 조국이 있다." 미국인의 정신적 지주였던 토머스 제퍼슨이 자기 자신과 프랑스에 대해 한 말이다. 전례 없이 서로 연결된 이 시대에 많은 인간은 적어도 두 개의 국가를 필요로 한다. 내가 쓰는 글도 바로 미국과 한국, 한국과 미국이라는 두 나라의 관점 모두를 바탕에 둔 것이다. 한국에 오기 전에 살았던 로스앤젤레스(한국을 제외한다면 세계에서 가장 한국적인 도시)는 그 어느 곳 보다 나를 매료시키는 동시에 그 어느 때보다 나를 좌절시켰다. 이제 한국, 특히 서울도 벌써부터 나를 매료시키고 있고, 분명히 나에게 큰 좌절을 가져다줄 것이다. 역설적이게도 나는 바로 그 좌절을 기대하고 있다.

한국의 좋은 점을
가장 모르는 사람들

2018년 한 외국인이 만든 동영상이 인터넷을 뜨겁게 달궜다. 그 영상은 그해에 공개된 영상 중 가장 효과적인 한국 홍보 영상이었다. 하지만 그 영상과 한국 정부는 아무 관련이 없었다. "seoul_wave"라는 제목의 이 7분짜리 영상은 한국의 수도 서울의 하루를 초고속으로 촬영하고 정교하게 편집한 작품이다. '끝없이 세계를 떠도는 유목민이자 영화감독'으로 자기를 소개하는 미국인 브랜든 리Brandon Li가 만들었다. 어쩌면 실제로 서울에 사는 사람들에게는 우선순위가 높은 영상이 아닐 수도 있다. 나도 다른 외국인들의 극찬이 없었다면 이 영상을 보지 못했을지 모르니까. 하지만 결코 호락호락하지 않은 집단인 외국인 관광객들은 지금까지 한국 정부가 해온 여러 홍보, 다시 말해 스스로에 대한 무지에 기반한 홍보에 대해 끊임없이 칼을 빼들고 있다. 냉

소라는 이름의 날카로운 칼을.

그 칼이 향하는 대표적인 예로 한국관광공사의 'Have You Ever _?'(_를 해본 적 있으세요?) 캠페인 영상을 들 수 있다. 2018년 8월 공개된 티저 영상에서 보이그룹 엑소 멤버들은 "이런 곳에 누워 잠을 자본 적 있어요?", "이런 식당에 가본 적 있어요?" 등의 질문을 계속해서 던진다. 이에 대해 다양한 외국인(대부분 서양인이다)이 "그렇게 자본 적 없어요", "그런 식당에 가본 적 없어요"라고 대답한다. 외국인 관광객들은 최선을 다하지만 그들의 목소리와 얼굴에서 영혼을 찾아볼 수는 없다. 영상 속의 배경도 전혀 한국적이지 않다. 그 배경 위에서 앞선 말들의 의미는 더욱 흐릿해진다. 더 어색한 것은 엑소 멤버들의 대사가 실제 그들의 목소리가 아닌 더빙된 목소리로 나온다는 점이다. 이는 팬활동에 진심인 K-팝 팬들을 고려할 때 분명 위험한 선택이었다.

〈코리아 타임스〉의 존 던바Jon Dunbar는 "이 광고는 다른 부끄러운 홍보 캠페인을 기억나게 했다"면서 "서울시의 슬로건인 'I·SEOUL·U'와 2008년 국가 관광 슬로건인 '코리아 스파클링'의 기억"을 언급했다. 거기다 이 광고만 아니었다면 "'크리에이티브 코리아'라는 슬로건은 거의 잊을 뻔했다"고 덧붙인다.

한국 정부는 서양인을 타깃으로 하는 광고 캠페인을 개발하면서 외국인의 의견을 전혀 수렴하지 않는다. 대부분의 사람들에게 그 사실은 의아할 것이다. 1971년 독재자 박정희의 홍보기구로 설립된 문화부 산하 해외문화홍보원KOCIS에서 2년 동안 근

무한 던바는 "사실 그들은 외국인들과 상의한다"라고 말한다. "문제는 그들이 외국인의 의견을 받아들이지 않는다는 것이다. 그들은 모두 상의를 위해 그곳을 방문하는데, 대부분 무엇을 바꾸기에는 너무 늦은 단계에 그곳을 찾는다."

　전 세계적으로 주목받는 국가가 되었음에도 한국은 여전히 매력적이고 일관된 방식으로 스스로를 마케팅하는 데 어려움을 겪고 있다. 2017년 7월 〈가디언〉에 기고한 기사에서 나는 장소 브랜딩 컨설턴트인 사이먼 안홀트Simon Anholt의 말을 인용해 한국 브랜딩 책임자의 약점으로 "조급함, 객관성 결여, 지루한 전략, 잘못된 리더십, 홍보 효과에 대한 순진한 믿음, 빠른 해결책과 지름길에 대한 욕구"를 꼽은 바 있다. 정도의 차이는 있지만 이러한 조건은 여전히 유효하다. 한국의 공식적인 마케팅 활동은 이상하게도 한국만의 특수성을 거의 드러내지 않는다. 'Have You Ever _?' 티저의 대부분은 전 세계 어디에서나 홍보할 수 있는 내용이다. 내가 내내 비웃다가 어느 순간부터는 인정하게 된 'I·SEOUL·U' 슬로건도 중간에 어느 도시 이름을 넣든 똑같이 잘 어울릴 만한 내용이다.

　나는 이 문제가 한국의 좋은 점은 정확히 보지 못하고, 부정적인 면에만 집착하는 한국인들의 인식과 관련된 것은 아닐까 생각한다. 한국의 많은 지인들은 나와 만날 때마다 한국의 어떤 점이 마음에 들지 않는지 알려달라고 요청한다. 나는 몇 년 동안 그 질문에 단 한 번도 딱 부러지게 대답한 적이 없다. 그리고 어느 순간 한국의 불평 문화만큼 나를 괴롭히는 것이 없다는 사실을 깨달았다. 브랜든 리가 한국인의 삶, 적어도 서울 사람들의 삶에서 세계인들에게 호감을 주는 요소들을 발견할 수 있었던 것은 오히려 그런 경험이 애초에 없었기 때문인지도 모른다. 이전에는 한국에 한 번도 발을 들여놓은 적이 없던 사람이 겨우 한 달간 한국에 머물면서 말이다.

'seoul_wave'가 서울이라는 도시에 대해 완전히 새로운 시각을 제시하지는 않는다. 시각적으로는 놀라운 작품이지만 이 영상은 출퇴근길의 만원 지하철, 소셜 미디어에 올릴 셀카를 찍는 사람들, 성형수술 상담, 심야 영어 수업, K-팝 오디션, 프로게이머의 게임 경기, 먹방, 고기와 술, 학원과 같은 이미 진부한 한국 도시의 풍경을 돌고 돈다. 이 영상의 모든 장소는 내가 매주, 심지어 거의 매일 현실에서 볼 수 있는, 그것도 몇 시간 동안 반복해서 볼 수 있는 곳들이다. 서울에 너무나 많이 있는 장소들이지만, 왠지 그곳에서의 삶과 영상 속 모습들은 조금 다르게 느껴지기도 한다. 어쩌면 나는 나의 새로운 고향이 어떻게 표현되면 좋을지 아는 동시에 모르는 불만족스러운 이방인일지도 모르겠다.

브랜든 리는 자신이 영상을 만드는 방식에 대해 설명했다. 자신이 가는 나라들의 전통 문화에 초점을 맞춘다는 것이었다. 서울에는 수많은 산과 사찰이 존재하고 자신도 그것을 알고 있지만 이번 영상에서는 주로 '초현대적인' 모습을 담고 싶었다고 말했다. 리는 "현재 서울에서의 삶, 어쩌면 한국의 모든 것이 너무 경쟁적"이라는 것을 알게 되면서 또 다른 주제들을 떠올렸다고 한다(다른 표현을 빌리자면, "서울은 열심히 일하고 그만큼 열심히 논다"). 한국에서는 수백만, 수천만 명의 사람들이 똑같은 목표를 향해 달려가면서 좁은 길 위의 서로를 짓밟는다. 이런 치열한 경쟁은 사회적인 압박이 되어 한국인들이 불만의 소리를 점점 더 크게 내도록 한다. 그런 경쟁은 '창조적 한국'을 만들기도 했지만 비창의적이고 경직된 나라라는 이미지를 덧씌우는 데에도 많은 기여를 하기도 했다.

한국 정부는 'seoul_wave'에서 무엇을 배울 수 있을까? 물론 눈부신 카메라 워크에 힘입은 매끄러운 영상은 10년 전만 해도 불가능해 보였던 영상 기술의 쾌거다. 하지만 더 중요한 교훈은 다음과 같다. 브랜든 리는 이 프로젝트를 위해 한 달간 서울에 머물면서 복잡한 트래킹 샷이 제대로 나올 때까지 몇 번이고 같은 장면을 반복 촬영했다. 이후 석 달간 영상과 주제의 연결이 유기적으로 드러나도록 혹독한 시행착오의 과정을 거치며 편집했다. 이 광고는 '진짜' 한국 광고가 결코 하지 못하는 일을 정확히 보여준다. 빡빡한 기한에 쫓겨 제작되어, 진지한 연구나 성찰 없이 반쯤 자신의 책임을 내려놓은 인물들이 마지막 순간이 되어서야 중요한 결정을 내리는 광고 말이다.

던바는 "한국의 브랜드 가치가 국제적으로 상승하면서 화려하고 값비싼 영상과 슬로건 캠페인은 그리 중요한 일이 아니라

는 사실이 분명해졌다. 한국의 가장 큰 자산은 저절로 팔리게 될
것"이라고 말했다. 한국관광공사가 당장 일거리를 잃게 되지는
않겠지만, 다른 정부 기관들도 브랜든 리의 사례에서 배워야 한
다. 아니면 차라리 그를 고용하는 것이 더 나을 수도 있다. 하나
확실한 건 브랜든이 한국의 보이그룹보다 훨씬 저렴한 비용으
로 일하리라는 것이다.

I·SEOUL·YOU가
정말 그렇게 별로인가요?

2015년 11월, 서울시는 시민들에게 공모하고 투표에 부치는 방식으로 영문 슬로건인 'I·SEOUL·U'를 확정 발표해 많은 화제를 모았다. 이 슬로건은 한국의 영어 커뮤니티에서 어떤 국제적인 홍보 활동보다도 더 많은 조롱을 받았다. 〈코리아 타임스〉의 칼럼니스트 앤드루 새먼Andrew Salmon은 'I·SEOUL·U' 논란의 여파를 분석하면서 "온라인에서 폭발적으로 퍼진 오만함과 독설, 나아가 자칭 전문성이 놀랍다"고 말했다. 그는 "서울의 관광 홍보가 초점을 맞추는 나라는 당연히 중국과 일본"이고, "'I·SEOUL·U'라는 슬로건의 극단적일 만큼 명확한 단순함은 상대적으로 영어를 잘 사용하지 못하고 동시에 잠재력이 높은 타깃 시장의 관광객들에게 잘 전달될 수 있다"고 주장했다. 그의 설명대로라면 'I·SEOUL·U'라는 "파격적이고 기발한" 문구는 나이키의 부메랑

모양 로고인 '스우시swoosh'와 전설적인 그래픽 디자이너 밀턴 글레이저의 'I ♥ NY'와 같은 "고전적 브랜딩의 사례"처럼 감성적인 호소력을 발산할 수 있다.

실제로 'I·SEOUL·U'는 서울의 브랜딩을 한 단계 발전시킨 것으로 평가받기도 했다. 이 슬로건의 강점과 약점이 무엇이든 간에 분명한 것은 오랫동안 브랜딩 이미지 문제를 겪어온 서울에 대한 많은 관심을 불러왔다는 점이다. 전쟁의 폐허를 딛고 일어선 한국과 서울은 인류 역사상 가장 인상적인 경제적 성공 사례 중 하나가 되었지만 문화적 차원에서 그들은 세계 무대에서 스스로를 정의하는 데 어려움을 겪어왔다. 가장 극명한 비교 대상은 한국의 이웃이자 과거 식민 종주국이었던 일본이다. 장소 브랜딩 컨설턴트인 사이먼 안홀트에 따르면 일본은 약 30년 만에 "부정적인 이미지에서 벗어나 세계에서 가장 인정받는 국가 중 하나가 되었다."

그는 "한국이 경제적으로 발전하면서 그 이미지도 함께 좋아지고 있다"고 말했고 "자신감이 생기고 있다"고도 설명했다. 하지만 한국의 당국자들은 "지금보다 더 나은 이미지를 알려야 한다"는 자기 패배에 가까운 주장을 이어가고 있다. 2017년 6월에는 300만 달러를 들여 만든 영문 국가 브랜드 '크리에이티브 코리아Creative Korea'가 창의성이 부족하다는 지적과 프랑스의 '크리에이티브 프랑스Creative France'를 표절했다는 비난을 함께 받으며 폐기되었다.

일본은 한국보다 인지도가 높지만 일본의 모든 브랜딩 계획이 천재적인 아이디어에서 탄생한 것은 아니다. 'I·SEOUL·U'와 비슷한 시기에 일본의 수도 도쿄는 '& Tokyo'라는 어색한 영어 슬로건을 내놓았다. 물론 일본이라는 국가와 도쿄라는 도시는 서로 연관되어 있긴 하지만 본질적으로는 독립적인 이미지를 유지하고 있다. 반면 한국과 서울은 떼어놓고 이야기하기가 쉽지 않다. 대한민국 전체 인구의 절반인 2500만 명 가량이 수도권에 거주하고 있으며, 다른 지역 출신들은 서울을 유일한 기회의 땅으로 인식해왔다.

세계적으로도 서울은 곧 한국이고 서울의 이미지는 곧 한국의 이미지다. 건축학 교수인 윤지희라는 저서《Globalizing Seoul: The City's Cultural and Urban Change》에서 국가와 수도는 함께 발전해왔으며, 불가분의 관계를 가진다는 점을 역설한다. 윤지희라는 역사적으로 내향적이었던 서울이 외향적으로 변모하려는 노력을 통해 더 이상 "속도와 효율성을 강조하는 산업적인 '하드 시티'가 아닌" "문화적, 정서적 웰빙과 같은 보이지 않는 것들"을 중시하는 '소프트 시티', 다시 말해 경제뿐만 아니라 미학을 우선시하는 도시로 거듭났다고 평가한다.

이어서 윤지희라는 한국이 이제는 비슷한 빌딩과 아파트로 가득한 단조로운 콘크리트-철골 대도시를 급하게 건설했던 '개발 독재'에서 벗어나야 한다고 말한다. 그리고 여러 재난(1995년

삼풍 백화점 붕괴 사고와 같은)으로 한동안 몸살을 앓았던 서울을 "유·무형의 자원으로 가득한 다채로운 문화 도시"로 재창조하기 위해 보다 시민참여적인 과정을 만들어내자고 주장한다.

지난 15년간 이러한 다소 추상적인 개념에 기반한 많은 도시 프로젝트가 등장했다. 고가도로 대신 서울 도심을 가로지르는 생명력 넘치는 하천인 청계천, 번화한 시장 한복판에 자하 하디드가 설계한 이색적인 전시장과 쇼핑몰인 동대문디자인플라자 DDP가 그 사례다. 2017년 5월 개장한 서울로 7017도 고가도로에서 도심 공원으로 탈바꿈한 후 맨해튼의 하이라인과 비교되어 왔다.

그러나 이러한 프로젝트들은 서울이 가진 열등감의 근원을 언론들이 다시 한번 들춰낼 빌미를 제공했다. 〈워싱턴 포스트〉의 애나 파이필드Anna Fifield는 "놀랍도록 급격한 산업화 과정에서 빠르게 구축된 서울은 종종 '서울에는 영혼이 없다'는 말로 조롱받아 왔다"고 지적했다.

이러한 부정적 이미지에 대응하기 위한 공공 브랜딩 작업은 국제산업디자인단체협의회가 서울을 '세계 디자인 수도'로 선정한 2010년으로 거슬러 올라간다. 서울시는 "서울을 세계 디자인 산업의 허브로 도약"시키기 위한 노력의 일환으로 '디자인 서울 캠페인'을 시작했다. 심지어 '디자인'이라는 영어 단어를 한국어 사전에 수록하기까지 한다.

이후 '디자인 서울'은 모든 것을 아우르는 캐치프레이즈로 자리 잡았다. 예술가 활동 집단인 FF그룹의 한 멤버는 이렇게 말했다. '디자인 서울'이라는 표현은 "의심스럽거나 비민주적인 정책의 정당화를 포함해 모든 것에 사용할 수 있는 마스터키다." '디자인 서울'이라는 그 모호하고 공허한 유행어는 오래된 스포츠 경기장을 헐고 성공적인 준공공 공간이자 비용이 많이 든 건축물인 DDP의 건설을 밀어붙이는 데 분명한 역할을 했다. DDP의 초기 홍보 자료는 프랭크 게리의 구겐하임 빌바오 미술관이 산업화 이후 스페인 빌바오의 경제적, 문화적 부흥을 상징하고 있다는 점을 내세우면서 DDP와 구겐하임 빌바오 미술관을 노골적으로 비교하고 있다. 두 건축물은 공통점이 많은데 특히 건축물과 그 건축물을 둘러싼 도시 환경의 연결이 부족하다는 점에서 그렇다. 윤지희라는 건축가이자 브랜딩 학자인 안나 클링만Anna Klingmann의 말을 인용하여 "화려한 시그니처 프로젝트의 단명하는 이미지"가 "상품과 미학이 서로를 모방하는 모방 문화"를 낳을 수 있다고 경고한다. 2014년에 개관한 DDP가 궁극적으로 서울의 아이콘으로서 국제적인 인정을 받을 수 있을지는 여전히 미지수다.

DDP가 아직 건설 중이던 2012년에 전 세계적으로 유명세를 떨치며 이미 서울의 이미지를 널리 전파하던 노래가 있다. 바로 〈강남스타일〉이다. 싸이의 매혹적이고 기묘한 뮤직비디오는 수년간 유튜브에서 가장 많은 조회수를 기록했다. 당시 그보다 서울을 전 세계의 수많은 사람에게 알린 브랜딩 활동은 없었다. 싸이의 노래와 뮤직비디오는 곡명에서 잘 알 수 있듯이 일반적으로 서울, 그중에서도 특히 한강 이북보다 훨씬 늦게 발전한 지역인 강남과 관련되어 있다. 특히 강남 지역의 자유롭고 과시적인 소비 문화, 즉 극도로 서구화된 데다 대체로 많은 빚을 져야만 가능할 것 같은 라이프스타일을 풍자한다.

윤지희라는 "1970년대 후반까지만 해도 강남 지역은 대부분 논이나 밭이었다"고 설명한 후 "하지만 오랫동안 미개발 상태로 남아 있지는 않았다"고 말한다. 정부는 한강을 가로지르는 다리와 철도를 건설하고, 주요 기관과 명문 학교를 남쪽으로 이전하고, 개발업자에게 세금 혜택을 제공했다. 그 과정에서 강남은 집값이 수직상승하여 "부동산 투기로 부자가 된 사람들을 다수 배출"하는 인기 있는 주거지로 부상했다. 1963년부터 1979년까지 한강 이북의 땅값은 2500퍼센트 상승했다. 그건 평균적으로 그리 나쁘지 않은 수치였다. 같은 기간 강남의 땅값이 8만~13만 퍼센트 상승한 것을 고려하지 않는다면 말이다.

〈강남스타일〉이 폭발적인 인기를 끌었을 무렵, 한국의 대중문화 산업은 15년 가까이 분투 중이었다. 그러나 멜로드라마틱한 TV 드라마와 화려한 뮤직비디오로 이루어진 이른바 '한류'의 매력은 주로 아시아의 이웃 국가에 집중되어 있었으며, 서구에는 거의 영향을 미치지 못했다. K-팝의 배후에 있는 엔터테인먼트 기업들은 한국의 고층 아파트 단지만큼 서로 잘 구별되지 않고 그리 유머러스하지도 않은 보이그룹과 걸그룹을 꾸리는 데 집중했다. 그러니 땅딸막하고 한국에서는 이미 한물간 가수처럼 보이던 싸이가 글로벌 슈퍼스타덤에 오를 것이라고는 누구도 예측하지 못했을 것이다. 마찬가지로 서울을 진지하게 홍보하고 알리던 이들도 전 세계인이 서울에 대한 첫인상을 그런 익살스럽고 우스꽝스러운 뮤직비디오에서 얻으리라고는 전혀 상상하지 못했을 것이다. 21세기 이전만 해도 서울은 글로벌한 이미지를 가지고 있지 않았다. 그러니 일확천금을 얻은 갑부처럼 갑자기 그런 이미지를 얻게 됐을 때 그걸 어떻게 활용해야 할지 아무도 알지 못했던 것은 당연한 일이다.

수십 년 동안 서울 시민들은 자신들의 도시를 "정서적 만족감이 없는 콘크리트 숲"에 비유해왔다고 윤지희라는 말한다. "심각한 공해, 소통에 관심 없는 건축 디자인, 전통적 분위기의 부재 등이 서울의 주요 문제점으로 지적되어왔다." 서울을 세계에 팔기 전에 먼저 서울 시민에게 팔아야 한다는 사실을 깨달은 공무원들은 "디자인이 좋아요", "서울이 좋아요"라는 말풍선과 친근한 얼굴이 그려진 포스터를 제작했다. 윤지희라는 이런 모습이 "이전의 개발 프로젝트와 달리 현대 도시 프로젝트는 추상적인 국가 목표를 달성하기보다는 개인의 필요와 편안함을 충족시키기 위해 설계되었다"는 것을 시민들에게 설득하려는 의도였다고 설명했다.

당시 한국 특유의 정치권력에 대한 불신(전직 대통령 탄핵으로 극명하게 드러난 바 있다)과 방치되다시피 해결되지 못하던 빈곤

문제는 이미 들끓고 있었다. 그런 맥락에서 도시에 이런 홍보물을 뿌리는 것을 비판하던 FF그룹은 포스터에 담긴 메시지를 하나하나 수정하는 퍼포먼스를 벌인다. 포스터에 스티커를 덧대어 붙여 웃고 있는 서울 시민들이 다음과 같이 말하게 만든 것이다. "디자인하느라 애들은 굶어요", "강남만 좋아요."

　서울을 혹독하게 비판하는 사람은 여전히 많다. 그리고 서울을 옹호하는 사람들도 서울에 대해 좋은 점을 구체적으로 설명하는 데 상당한 어려움을 겪는다. 'I·SEOUL·U' 공모전에 'SEOULMATE(나의 친구 서울)', 'SEOULING(서울은 진행형)', 'Surprising Seoul(놀라운 서울)' 같은 더 공허한 표현도 포함되어 있었던 것을 보면 서울이 마주한 문제를 더욱 체감할 수 있다.

　한국인이 현대 서울의 정체성 문제를 명확하게 인식하지 못한다면, 이는 서구권 국가를 모방하는 데만 집착해온 한국의 근대화 과정 자체에 문제가 있어서일 것이다. 전직 저널리스트이자 컨설턴트인 마이클 브린Michael Breen은 저서《한국, 한국인》에서 현대 한국인의 삶을 "몸에 맞지 않는 셔츠와 바지를 입는 것"에 비유하며 "어디에선가 빌려온 듯한" 사고방식에 대해 불평하는 한 관료의 말을 인용했다. "우리가 공부하는 대부분의 전공 학문은 우리가 만든 것이 아니다. 우리가 하는 스포츠, 우리가 듣는 음악, 우리가 보는 영화, 심지어 우리가 먹는 음식도 마찬가지다. 대부분의 전문가들도 해외에서 공부한다. 그들의 머릿속 한국에는 이상적인 목적지가 존재하지 않는 것 같다."

물리적인 변화에만 치중한 현대화 작업은 많은 문제를 야기했다. 독재자 박정희와 김현옥 서울시장(낡은 동네를 허물고 대형 콘크리트 구조물을 지어 '불도저'라는 별명을 얻었다)과 같은 20세기 국가 건설자들의 감독 아래에서 서울은 일본의 식민 지배를 받은 비교적 조용했던 도시에서 산업 도시로 빠르게 변모했다. "이 체제에 대한 비판은 인건비 상승에 따른 서울의 제조업 쇠퇴와 맞물려 있다"고 윤지희라는 말한다. "제조업 공장들은 인건비가 훨씬 저렴한 해외로 이전하기 시작했다. 서울은 산업 도시로서 성공의 정점에 도달할 때 이미 쇠퇴의 길을 걷는 중이었다."

산업화 이후 시대에 걸맞은 서울을 만들기 위해 정부는 많은 연구를 의뢰했다. 초창기인 2002년에 나온 연구 중 하나는 교차하는 도로와 회색 빌딩 숲으로 이루어진 서울의 "도시 공간 전반"이 "문화 발전에 도움이 되지 않는다"고 결론 내렸다. 윤지희라는 문화 발전을 위해서는 "그 장소만의 매력적이고 독특한 이미지"를 만들어내는 것이 중요하다고 설명했다. 이로 인해 서울, 아니 한국은 "선진국을 '따라잡기' 위해 치열하게 노력하며 사라질 뻔한 기존의 전통을 보존하는 동시에 전통을 현대적으로 재발견·재도입·재창조하는 역설적인 상황"에 놓이게 되었다(전통한옥과 같은 옛 서울의 일부 흔적은 현재 주로 관광 명소나 부동산 투자 대상으로만 남아 있다).

이는 2011년 취임 이후 DDP와 같은 대형 프로젝트는 과시

적이고 낭비적이라고 비판했던 박원순 전 서울 시장의 인식과
도 잘 맞아떨어진다. 그는 무상 급식과 학교 텃밭 가꾸기, 보행
자 전용거리, 기존 건축물의 철거가 아닌 재사용 등을 지지했다.
당시 서울은 멕시코시티에서 몬트리올, 브루클린에서 베를린에
이르기까지 전 세계 곳곳에서 볼 수 있는 소규모 도시 개발 방식
을 활용했다. 빵집, 부티크, 독립 서점, 레코드 가게, 스페셜티 커
피 로스터, 도시 정원 등 21세기 도시 거주자들이 즐길 수 있는
풍요로운 공간이 전통적이고 소박한 국수 가게와 거대한 시장
옆에 나란히 등장했다.

　사실 서울은 이미 놀라울 정도로 발전했고 서울 시민들조차
글로벌 브랜드로서 서울의 위상을 자연스럽게 받아들이고 있다.
넷플릭스, 무인양품과 같은 브랜드를 면밀히 분석하는 한국 간
행물인 〈매거진 B〉는 서울이라는 도시 자체에 대한 특집호를 발
행한 바 있다. 서울시 관계자들이 수없이 변화해온 브랜딩의 역
사에서 배워야 할 점이 있다면 '소프트 시티', '디자인 수도', '글
로벌 도시' 등 기존 모델에 기반한 정체성을 위에서 아래로 강요
하지 말아야 한다는 점이다. 나아가 도시 속 마을이, 심지어 시
민들이 자신들의 고유한 정체성을 직접 찾을 수 있도록 필요한
여건과 환경을 먼저 조성해야 할 것이다. 어쩌면 21세기 서울은
정체성을 어디선가 찾아내기보다는 많은 이들이 함께 새롭게
구축하는 과정에 들어와 있는지도 모르겠다. 그러니 만약 서울
이 계속해서 영문 브랜드를 사용해야 한다면 "함께 만드는 서울,

함께 누리는 서울"이라는 오래된 한글 슬로건을 번역해 사용하
는 건 어떨까?

〈강남스타일〉에 담긴
자의식

대한민국의 수도 서울은 인프라 측면에서 좋은 첫인상을 남긴다. 2022년 5월, 기존 네 개 역을 연결하는 신분당선 연장선이 개통되면서 서울의 지하철은 또 한 번 확장되었다. 그중 가장 북쪽에 위치한 신사역은 세계적으로 유명한 한국 성형 산업의 메카와 이어져 있다(어느 날 아침 커피를 마시려고 근처 카페 서너 곳을 찾았다가 카페들이 모두 병원 건물 안에 있다는 사실에 겁이 나서 그냥 지나친 적이 있을 정도다). 사실 서울의 강남을 구태여 소개할 필요는 없다. 강남역 플랫폼의 한쪽 벽에 약간은 아마추어적인 대형 벽화가 그려져 있다는 특이한 사실 정도를 알리면 충분하다. 10년 전 〈강남스타일〉로 서울의 강남을 전 세계에 알린 가수 싸이를 표현한 벽화다.

당시 싸이는 지금처럼 한국 대중문화 홍보대사가 아니었다.

〈강남스타일〉을 발표할 당시 서른네 살의 버클리 음대 중퇴생이었던 그는 해외에는 잘 알려지지 않았고 국내에는 어느 정도 이름이 알려졌지만 음악적 내용을 넘어 개인적 행동으로 여러 차례 비난을 받고 있었다. 가수 겸 래퍼이자 방송인이었던 그는 말하자면 또 다른 현실에 존재하는 것처럼 보였다. 그 현실은 흠잡을 데 없이 잘생긴 젊은 가수들이 보이그룹과 걸그룹을 이뤄 전 세계에 어필하는 K-팝의 현실이 아닌, 눈앞에 존재하는 엄혹한 현실이었다. 하지만 마침내 서구권 국가들을 사로잡은 것은 2NE1도, 샤이니도, 원더걸스도, 빅뱅도 아닌 바로 그였다(BTS는 〈강남스타일〉이 붐을 일으키고 그 이듬해에야 공식적으로 데뷔했다). 더욱 놀라운 것은 싸이가 한국인끼리만 통하는 농담 같은 내용을 음악에 담아 성공했다는 점이다. 그의 히트곡은 서울 강남 '졸부' 계급의 화려하고 문화적으로는 아이러니한 허세를 풍자했다.

싸이는 강남을 "한국의 비벌리힐스"라 부른 적이 있다. 이는 강남의 부와 명성을 상징한 표현이지만 그 규모를 과소평가한 표현이기도 하다. 강남이라는 단어 그 자체는 센강이나 템스강처럼 도시를 가로지르는 '한강의 남쪽'이라는 뜻이지만 매우 커다란 부를 축적한 특정 지역을 의미한다. 강남은 비벌리힐스 면적의 거의 3배에 달하는 커다란 지역이다. 한국 드라마나 영화들도 강남 지역의 고층 빌딩, 고급 부티크, 나이트클럽, 수입 차가 가득한 거리 등 상류 사회의 상징을 거의 끊임없이 재현하고 있다. 하지만 1970년대 초까지만 해도 강남은 농지에 불과했다. 강남의 도시화는 한국의 군사 정부가 추진한 교통망 계획에 따라 급격하게 진행되었고, 이 과정에서 농경지였던 강남땅의 소유주들은 빠르게 부유해졌다. 〈강남스타일〉은 국제적인 화려함 이면에 있는 이러한 촌스러움(문자 그대로 '촌'스러움)에 대한 예리한 인식을 보여준다.

이 노래와 뮤직비디오가 국제적으로 화제가 된 직후, 대학교수이자 시인인 양병호는 싸이의 프로젝트를 "기성세대의 권위주의와 순결주의에 대한 유쾌하고 거침없는 도발"이라고 표현하면서 익숙한 개념과 가사, 춤 동작을 전복하려는 싸이의 의도를 설명하는 칼럼을 썼다. 그 글에서 그는 "이러한 태도는 기존의 '한류'로 대변되는 음악과 상반된다"고 말했다. 그가 말하는 한류는 21세기 초 아시아를 휩쓸며 한국의 소프트 파워를 강화한 대중문화의 수출을 의미한다. 또한 그는 〈강남스타일〉의 '초자연적'이라 느껴질 정도로 귀에 쏙쏙 들어오는 리듬과 "역설과 풍자를 통해 복잡한 현대를 간결하게 요약하는 힘"을 칭찬한 뒤, 이 노래를 그저 최대한 즐길 것을 한국인들에게 제안했다. 일단은 "묻지도 따지지도 말고."

많은 한국인들이 〈강남스타일〉을 즐기라는 그의 조언을 따랐다고 해도 그것만으로 〈강남스타일〉이 10억 뷰를 달성한 최초의 유튜브 동영상이 되기는 어려웠을 것이다. 헝가리 외트뵈시 로란드 대학교 연구진의 연구에 따르면 〈강남스타일〉은 한국에서 직접 알려나간 것이 아니라 이미 열렬한 한류 팬이 있던 필리핀에서 전 세계로 퍼져나갔다. 필리핀 마닐라에서는 한국 화장품 진열대부터 한국 드라마까지 한국과 관련된 거의 모든 것을 찾아볼 수 있다. 오유정의 저서 《Pop City: Korean Popular Culture and the Selling of Place》에 따르면, 한류 드라마와 같은 한국의 콘텐츠 속에 가득한 상품 배치는 때때로 콘텐츠 자체를 '팝 시티'로 축소시킨다. 오유정은 그런 모습들을 "탄탄한 내러티브가 없는 상업 광고의 콜라주"라고 표현했다. 21세기 초, 한류 히트곡들이 한국의 새로운 풍요로움을 상대적으로 단순한 방식으로 보여준 것도 그와 같은 흐름 위에 있다고 볼 수 있다. 하지만 이때는 새로운 한국 영화가 등장한 영화 운동의 전성기이기도 했다. 그 무렵 등장한 김기덕 감독의 〈섬〉, 이창동 감독의 〈오아시스〉, 박찬욱 감독의 〈올드보이〉와 같은 영화들은 불편하고 괴로운 작품들이었다. 그 작품들은 얼핏 평온한 아침의 나라로 보이던 한국 속에 좋지 않은 것들도 있음을 암시했다.

〈강남스타일〉 뮤직비디오는 그 영화들과 비슷한, 한국 속의 '좋지 않은 것들'을 훨씬 가벼운 방식으로 암시한다. 영상은 싸이가 모래밭의 긴 의자에 기대어 음료를 손에 들고 있는 장면으로 시작한다. 그런데 카메라가 뒤로 물러나면서 드러나는 실제 배경은 해변이 아닌 동네 놀이터다. 놀이터는 4분간의 스펙터클이 펼쳐지는 여러 평범한 배경 중 하나다. 10년이라는 긴 시간이 지난 지금, 〈강남스타일〉을 처음 봤을 때 많은 서양인이 얼마나 기괴하게 느꼈는지를 기억해내는 데엔 약간의 노력이 필요하다(캐나다의 한 저명한 작가가 한 "약에 취한 것 같았다"라는 말이 기억난다). 마이클 잭슨 같은 동작을 하는 어린 소년, 마구간 컷, 갑작스러운 폭발, "헤이, 섹시 레이디"라는 후렴구, 디스코 볼이 달린 버스 등 뭐라고 설명할 수 없는 요소와 음악 자체의 묘한 매력에 매료되어 난 거듭해서 그 영상을 돌려봐야만 했다.

이 비디오의 풍자적 기획을 정확히 이해하지 못하는 사람들도 그 안에서 더 두터운 맥락의 무언가가 진행되고 있음은 충분히 감지할 수 있었다. 〈강남스타일〉은 과거 수십 년 동안 서구 관객의 재미를 위해 구체적인 맥락 없이 이뤄지던 일본 광고나 게임쇼 클립과 같은 아시아 대중문화가 아니었다. 자의식과 아이러니(어떤 측면에서는 미국인의 눈높이보다 훨씬 높은 수준이었다)를 보여준 것이다. 그 영상을 본 한국인이 아닌 사람들은 싸이가 무엇을 조롱하는지까지는 정확히 알 수 없었다. 그럼에도 그가 분명 상당한 유머 감각을 가지고 있다는 것은 알 수 있었다. 과장된 허풍으로 가득 찬 가사와 격렬한 자세, 지극히 평범하고 일상적인 배경은 서로 묘한 부조화를 이루며 뒤섞였다. 고가도로 아래 진흙투성이로 방치된 강둑, 먼지 섞인 바람이 부는 주차장, 공중화장실 등이 바로 그것이다. 진정한 '강남스타일'을 표현하기라도 하듯 싸이의 캐릭터는 화려함이란 찾아볼 수 없는 공허한 주변 환경에 맹목적으로 도전하며 자신만의 매력을 발산한다.

이후 수년간 많은 한국 예술가들은 〈강남스타일〉과 같은 풍자적 의미를 담은 프로젝트를 연이어 선보였다. 봉준호 감독은 2019년 영화 〈기생충〉에서 사회 비판과 영화적 재미 사이에서 매우 설득력 있게 균형을 잡는 데 성공했다. 봉준호 감독은 영화에서 각 계급을 대표하는 동시에 서로 다른 계급에 의해 감옥에 갇힌 세 가족이 서로 충돌하는 장면을 연출해낸다. 성공한 테크 기업 임원인 아버지가 이끄는 박 사장네 가족은 건축학적으로 특이한 언덕 위의 집에서 서구적인 삶을 살아간다. 반면 거듭 사업에 실패한 김씨 가족은 눅눅한 반지하 빌라에 살며 피자 상자 접는 일로 근근이 생계를 유지하고 있다. 김씨 가족은 현실적인 이유와 분노를 뒤섞어, 박 사장네 가족이 고용한 모든 사람의 일자리를 빼앗을 계획을 세운다. 그 일자리에는 빚쟁이들을 피해 수년간 박 사장네 집 지하실에 몰래 숨어 지내는 남자, 그리고 그의 배우자이면서 그 집에서 오랫동안 가정부로 일한 여자의 일자리도 포함되어 있다.

〈기생충〉의 중심에 있는 공간적 은유는 영화의 성공을 전혀 방해하지 않았다. 오히려 성공에 이바지했다. 영화 말미 가정부가 만들어둔 지하 벙커에서 그의 남편이 칼을 휘두르며 뛰쳐나오자, 박 사장 부부가 어린 아들을 위해 준비한 호화로운 생일파티는 피바다가 된다. 이어진 난투극에서 김씨 가족의 아버지(〈괴물〉과 〈변호인〉, 〈택시운전사〉에 출연했던 인기 배우 송강호 분)는 충동적으로 박 사장을 찌른다. 이 카타르시스 넘치는 장면은 냄새에 대한 혐오감에서 비롯된 것이다. 그 냄새는 이전 여러 장면에서 반복적으로 암시되듯이 하층 계급의 냄새, 즉 헛된 노동, 산더미 같은 빚, 예정된 실패를 상징하는 악취라 할 수 있다.

그 냄새는 전 세계에 몰아보기 열풍을 일으킨 한국 넷플릭스 시리즈 〈오징어 게임〉의 등장인물 대부분에게서도 풍겼을 것이다. 감독 황동혁이 "패자들의 이야기"라고 설명한 이 시리즈는 실제 참가자들의 생사가 걸린 한국 전통 놀이에 대한 이야기다. 이 게임에 참가한 사람들은 생존자에게 주어지는 거액의 상금을 따내 경제적 어려움에서 벗어나고자 한다. 〈오징어 게임〉의 무자비한 폭력성과 고압적인 태도와 달리 〈기생충〉은 한국 사회의 여러 모순과 부조리를 미묘한 방식으로 비틀어 보여준다. 〈오징어 게임〉의 그런 특징은 스펙터클한 볼거리가 되었고, 〈기생충〉은 불공정, 불평등, 비인간성, 잔인성 등 한국 사회의 단면을 드러냈다. 이 작품들은 이후 수많은 한국 작품들에 영감을 주었다.

소재의 참신함과 높은 인기에도 〈오징어 게임〉에 대한 많은 영문 기사는 드라마 자체보다 한국 사회 전반에 주목한다. 한국에 대한 서구권 국가들의 기사는 대부분 늘 같은 우물로 돌아가는 경향이 있다. 저출생, 높은 자살률, 대기업의 경제 지배, 끊임없이 압박받는 학생들, 위협적인 북쪽 이웃, 성형 중독 등이 가득 채워진 깊고 음울한 우물이 바로 그것이다(심지어 〈더 네이션

The Nation〉의 데이브 지런의 표현을 빌리자면 1988년 서울 올림픽은 "고문, 강간, 노예, 죽음의 공포 쇼"로 묘사되기도 했다).

'헬조선'이라는 표현도 외신에 소개되어 익숙하게 사용되었다. 최근 몇 년 동안 등장한 한국 관련 영어 매체 중 가장 인정받는 매체 중 하나인 〈코리아 엑스포제Korea Exposé〉의 에디터 구세웅은 헬조선이라는 표현은 한국을 "19세기에 갇힌 지옥 같은 봉건 왕국"으로 조롱한 것이라 설명했다. 이러한 표현은 한국 젊은 이들의 믿음을 반영하는 것이다. 그 믿음은 바로 "한국에서 태어난다는 건 곧 지옥에 들어가는 것과 같으며, 부패한 정치인과 무능한 엘리트들에 의해 유지되는 고도로 규제된 시스템"이 "삶의 전 과정을 좌우한다"는 것이다.

〈코리아 엑스포제〉는 8년 동안 여러 가지 모델을 거쳐 왔다. 초창기 슬로건인 "있는 그대로의 한국 보여주기"는 한류를 선동하듯이 긍정하거나 근거 없이 부정하는 불균형한 언론 지형을 바로잡는다는 취지였다. 그와 같은 방향성은 곧 이 사이트의 위치를 선명하게 드러냈다. 이미 영어권 독자들에게 한국에 대한 암울한 인상을 오랫동안 심어준 상황에서 이러한 방향성은 언론에게 꼭 필요한 사명이라 할 수 있다.

이는 한국에 대한 서구의 관심을 설명하는 데도 도움이 된다. 서구는 〈강남스타일〉 이후 10년 동안 한국에 대한 놀라울 정도로 열정적 관심을 이어왔다. 한국 대중문화에 대한 그 열정적 관심은 한국 사회를 공격하는 문화로도 이어졌다. 서구권 국가 출신의 몇몇 평자는 한국에 대해 아는 것이 거의 없음에도 이미 한국을 디스토피아로 인식할 준비를 마친 것만 같다.

그들은 앞으로 아무리 많은 콘텐츠가 한국을 그로테스크하고 디스토피아적으로 묘사하더라도 호의적으로 반응할 것이다. 〈오징어 게임〉은 한국인과 한국인 사이의 대량 학살에 전율하는 퇴폐적인 외국인 'V.I.P.'의 방을 등장시키며 서구권의 이러한 관점을 풍자했다. 이미 한국을 디스토피아로 인식하는 서구권 국가의 시청자들은 자기 나라의 문제가 아무리 심각해도 적어도 자신이 한국에 살고 있지는 않다는 사실에 안도할 것이다. 하지만 이런 인식은 서울 지하철만 한 번 타보더라도 사라질 것이다. 그런 경험은 한국이 발전된 나라라는 사실을 다시 한번 상기시킬 가능성이 크기 때문이다.

〈기생충〉, 〈오징어 게임〉, 〈강남스타일〉은 한국 사회의 불공정, 비열함, 피상성, 폭력성을 민감하게 풍자해 보여주는 작품이다. 전후 시기, 한국이 극심한 가난에서 벗어나 이른바 '한강의 기적'을 이룰 수 있었던 것은 대부분 세계의 부유한 지역에 물건을 만들어 팔았기 때문이다. 20세기에는 섬유, 선박, 자동차, 반도체가 한국을 풍요롭게 만들었다. 하지만 21세기에는 역설적으로 그 풍요로움에 대해 표출된 불만 그 자체가 수출 효자 상품이 되어 한국산 이름을 달고 팔리고 있다.

LA와 서울,
못생긴 두 도시는 억울하다

로스앤젤레스와 서울은 거대한 규모와 특이한 구조라는 공통점 때문에 둘 다 정확히 이해하기 어려운 곳이다. 그렇기 때문에 두 도시를 이해하고자 하는 사람에게는 진입로가 필요하다. 2011년 캘리포니아주 산타 바바라에서 로스앤젤레스로 처음 이사했을 때 나는 그 도시에 대한 모든 책을 찾아 읽었다. 2015년 로스앤젤레스에서 서울로 이사를 왔을 때도 곧바로 이 도시에 관한 거의 모든 책을 찾아 읽기 시작했다. 그와 동시에 나는 로스앤젤레스에 대한 독서도 멈추지 않았다. 두 도시에 대해 읽고 쓰면서 나는 많은 질문과 새로운 발견을 할 수 있었다. 나아가 두 도시가 어떤 점에서는 비슷하고, 또 어떤 점에서는 그리 비슷하지 않은지 발견했다.

지난 10~15년 동안 로스앤젤레스와 서울은 새로운 자기 인식의 시대에 접어들었다. 그 기간 동안 두 도시에 대한 많은 양의 글이 쏟아져 나왔다. 일부는 찬사였지만, 상당수는 마치 두 도시가 본질적으로 가치가 없거나 심지어 불쾌한 주제인 것처럼 불만스러운 자세를 취하기도 했다. 나는 서울에 대한 책 가운데 《그래도 나는 서울이 좋다》를 좋아한다. 내가 가진 로스앤젤레스에 대한 애정도 그 책의 제목과 비슷하게 표현될 수 있을 것이다. 물론 두 도시를 가장 열렬히 좋아하는 사람들도 서울의 나쁜 공기와 난폭한 운전자, 로스앤젤레스의 많은 홈리스와 불완전한 교통 인프라 등의 단점은 대부분 인정할 것이다. 그리고 두 도시에 대한 이러한 비판들은 대부분 하나의 말로 수렴되는 듯하다. 바로 두 도시가 못생겼다는 비판이다. 그 비판들은 거의 반사적일 정도로 빠르게 튀어나온다.

"한국은 왜 이렇게 못생겼나?" 지난 주 메일함에서 이런 제목의 메일을 발견했다. 그 메일은 특정인이 보낸 것이 아니라 쿼라 Quora라는 질의응답 사이트에서 보낸 것이었다. 쿼라는 알고리즘을 활용해 회원들에게 흥미로운 질문을 정기적으로 보내준다. 쿼라에 올라온 한국에 대한 질문("방탄소년단과 엑소 중 누가 더 낫나요?" 등)은 대부분 내가 대답하기 곤란한 것이었다. 하지만 그 메일에서 묻고 있듯이 한국 건축물, 나아가 그 건축물로 이뤄진 도시가 못생겼다는 인식은 꽤 오랫동안 내 머릿속을 맴돌고 있었다. 그리고 이런 생각들 대부분은 한국이라는 국가를 대표하고 있는 서울에 대한 것이다. 여러 모습의 도시가 다양하게 존재하는 미국에서는 발견할 수 없는 독특한 특징이다.

한국인이나 비한국인, 심지어는 여러 측면에서 서울을 매우 즐기는 사람들조차 서울의 외관을 비난한다. 그들은 거의 카타르시스에 가까운 전율을 느끼는 것 같아 보이기도 한다. 쿼라에서 이 질문과 관련해 가장 높은 평점을 받은 응답자는 한국에 거주하는 외국인 닉 트라파니였다. 그는 "한국은 인구밀도가 높기 때문"이라고 말했다. 그에 따르면 "거의 대부분의 아름다운 것들은 인간이 자연에 가져온 파괴와 밀접한 관계가 있다." 특히 사람들이 지어놓은 건축물 중에 "파괴"로 분류되지 않을 만한 것은 별로 없다고 말한다. "한국인들은 많은 것들이 현대적이어야 한다고 생각한다. 그렇기에 오래된 것은 금방 가치를 잃는다. 그래서 먼 미래를 염두에 두고 지어진 건물은 그리 많지 않다." 그중 일부 건축물은 "한국이 5000년의 역사를 가진 동시에 60년밖에 안 된 나라라는 사실에서 비롯된 것이다. 유럽은 2차 세계대전 이후에도 물리적 역사의 상당 부분을 보존하거나 복원하는 데 성공했다. 하지만 전쟁 중에 한국이 얼마나 많은 파괴를 경험했는지는 상상하기 어려울 정도다. 물론 모든 건물이 대체된 것은 아닐지라도." 심지어 "개발도 고르지 못했다. 대부분의 국가와 마찬가지로 민간과 공공 부문이 모두 특정 지역을 우선적으로 개발하고 다른 지역은 무시했다."

나는 트라파니의 말에 모두 동의하지는 않는다. 하지만 외국인 관광객들에게 한국의 역사가 어떤 의미에서는 5000년 전으로 거슬러 올라가는 것인 동시에 1세기도 채 되지 않은 것이라는 점을 유념하라고 말한 적은 있다. 트라파니는 "물론 한국을 처음 방문한다면 눈에 거슬리는 것이 수십 가지는 보일 것이다"라고 말한다. 또한 "하지만 그것은 장소 그 자체보다는 그 장소에 대한 경험 부족을 반영한다"라는 말을 덧붙인다.

똑같은 고층 아파트가 사방에 즐비하다거나 전철로 한 시간을 이동한 동네가 출발한 동네와 똑같이 생겼다는 외국인들의 불만을 접할 때마다 나도 비슷한 생각을 한다. 그리고 말하고 싶었다. 만약 당신이 그런 불평을 늘어놓는 사람이라면 당신이 서울에서 볼 수 있는 건 그곳에 있는 스타벅스, 패스트푸드 가게, 편의점에 불과할 거라고. 서울에 대한 부족한 이해는 서울에 사는 외국인만의 문제가 아니다. 서울에서 나고 자란 '서울 촌놈'들은 서울이 아닌 모든 곳을 그저 별다른 특징이 없는 시골로 간주해버린다. 그뿐만 아니라 서울 안의 모든 것에 대해서도 제대로 느끼지 못하며 살아가기도 한다. 대신 그들은 도쿄, 뉴욕, 런던, 파리와 같은 유명한 도시를 서울과 비교하는 책을 읽거나 그곳을 방문하고 글을 쓰기도 한다.

또 다른 쿼라 사용자인 한국계 미국인 조근은 "모든 나라에는 추악한 부분이 있다"고 말한다. "나는 LA에서 자랐고 그곳은 미국에서 많은 사람들이 가고 싶어 하는 지역 중 하나다. 하지만 LA가 과연 완벽한 도시일까? 아니다. 분명 LA의 어떤 부분은

'볼품없는' 도시처럼 보인다." 서울도 마찬가지다.

　서울 사람이나 LA 사람들은 더 아름답다고 알려진 다른 도시를 부러워한다. 그들의 불만을 들어보면 파리, 런던, 뉴욕, 심지어 도쿄까지 많은 도시가 자신들이 살고 있는 도시보다 훨씬 계획적으로 세워졌다고 한다. 서울과 로스앤젤레스에는 오스만 남작(19세기 프랑스 파리의 모습을 완전히 변화시킨 건축가)이나 크리스토퍼 렌(17세기 영국에서 활약한 건축가)과 같은 인물들도 없지 않는가. 그래서 두 도시가 계획 없이 아무렇게나 지어졌다는 인식은 꽤나 널리 퍼져 있다. 하지만 이런 이야기는 근거가 없다. 데이비드 게브하드David Gebhard와 로버트 윈터Robert Winter는 로스앤젤레스 건축 가이드북에서 "속설에 따르면 로스앤젤레스는 계획 없이 성장했다"는 말을 하고는 이렇게 덧붙인다. "그건 말도 안 되는 소리다."

　게브하드와 윈터는 로스 펠리스의 버몬트 애비뉴를 따라 아무렇게나 지어진 것처럼 보이는 상업 지구를 묘사하기 위해 '어수선한 무더기skulchpile'라는 새로운 단어를 만들었다. 하지만 그 '어수선한 무더기'나 로스앤젤레스와 서울의 다른 '무더기'들도 그곳들을 탄생시킨 질서가 있다. 그 질서를 이해하는 것에 항상 아주 깊은 역사와 맥락이 필요한 것은 아니다. 그래도 서울이나 로스앤젤레스를 제대로 감상하려면 어느 정도의 지식과 경험이 필요하다.

　서울에서도 로스앤젤레스에 대한 관심이 커지면서 많은 이들이 로스앤젤레스에 관한 글과 영화를 찾아보고, 로스앤젤레스 노래에 귀를 기울인다. 로스앤젤레스가 밖에서는 좋아 보이지 않아도 이곳에서 시간을 보내는 사람들에게는 그리 나쁘지 않다는 정서도 투팍2Pac의 '삶, 죽음, 파티'에 대한 권유부터 아이러니한 축하처럼 들리는 랜디 뉴먼의 비판에 이르기까지 다양한 음악적 형태로 존재한다. 내가 몇 달 동안 열심히 듣고 있는 더 버드 앤 더 비The Bird and the Bee의 앨범《레크리에이셔널 러브Recreational Love》에는 〈로스앤젤레스〉라는 곡이 있다.

> 그 말을 듣지 마Don't listen to a thing they say
> 그들은 같은 방식으로 당신을 필요로 하지 않아They don't need you in the same way
> 절대 그들이 당신을 바꾸게 두지 마Don't ever let them change you
> 그들은 나만큼 당신을 몰라They don't know you like I do.

이어서 "내가 어디에서 왔는지 그만 물어봐"라는 후렴구가 흘러나온다. "난 LA 출신이야." 이 가사를 들으면 톰 앤더슨Thom Anderson의 다큐멘터리 〈로스앤젤레스 자화상Los Angeles Plays Itself〉의 또 다른 대사가 떠오른다. 그 영상은 내가 그 도시를 바라보는 시각을 조형적인 '텍스트'로 표현해주었다. 앤더슨은 로스앤젤레스의 이니셜인 LA가 원래는 "약간 조롱하는 의미로 쓰였다"고 설명한다. 하지만 이제 로스앤젤레스에 사는 사람들도 습관적으로 LA라고 부른다. 암묵적인 경멸에 대한 면역력을 키우기 위해 그 단어를 계속 써온 것일까.

하지만 그런 이야기를 들을 때면 여전히 난 조금 움츠러든다. 오직 복잡한 열등감을 가진 도시만이 그런 것을 허용한다. 한국도 비슷하다. 한국은 종종 열등감에 시달리는 사회로 묘사되어 왔다. 외국인들이 품은 이상적 도시의 모습에 근접하도록 서울의 모습을 끊임없이 바꾸는 일도 열등감과 관련되어 있을지도 모른다. 개인의 외모 열등감을 성형으로 이겨내는 한국인의 모습이 떠오른다.

최근 많은 로스앤젤레스 사람들이 변하고 있다. 변화의 방향은 전후 로스앤젤레스가 '세계적 수준'의 도시로서 모든 요소를 갖추고 있는지를 갈망하는 것에서 좋은 점은 고수하고 나쁜 점은 무시하면서 적당히 익숙해지자는 방향인 듯하다. 이런 변화한 태도는 다음과 같은 관용어구에서도 알 수 있다. "밤에 멀리서 바라보면 세상에 이보다 더 아름다운 도시가 없다." 내가 자주 가는 강남의 커피숍은 하루 종일 서울의 모습을 영상으로 틀어준다. 멀리서 바라볼 수밖에 없지만 서울과 로스앤젤레스의 모습은 여전히 나를 흥분시킨다.

홍상수라는 거울로
비춰본 한국

처음 서울로 이사를 왔을 때 나는 여러 대학교가 위치한 신촌을
주거지로 선택했다. 그 선택은 나에게 훌륭한 문화적 여건을 제
공해주었다. 몇 평방킬로미터 안에 미국의 여러 칼리지 타운col-
lege town의 특징이 모두 압축되어 있는 지역을 상상해보라. 신촌
에 정착하고 얼마 되지 않은 어느 날 아침, 나는 필름포럼이라는
극장으로 걸어 올라가는 중이었다. 이화여자대학교 후문 건너편
에 있으며 예술영화를 주로 상영하는 작은 극장이었다. 그리고
그곳에서는 한국 생활을 막 시작한 내게 가장 잘 어울리는 영화
가 상영되고 있었다. 바로 홍상수 감독의 〈지금은맞고그때는틀
리다〉였다.

한국인들은 종종 나에게 처음 한국어에 관심을 갖게 된 계기
를 묻는다. 그 질문은 필연적으로 홍상수 감독으로 이어진다.

2000년대 초반, 박찬욱 감독의 〈공동경비구역 JSA〉와 〈올드보이〉처럼 매끄럽지만 주제와 톤이 독특한 영화들이 쏟아져 나오며 처음으로 전 세계에 한국 영화 붐이 일었다. 난 그 무렵의 영화들을 통해 한국어를 처음 접했다. 봉준호 감독의 〈살인의 추억〉과 〈괴물〉, 김기덕 감독의 〈봄 여름 가을 겨울 그리고 봄〉과 〈빈 집〉과 같은 것들이 바로 그 영화들이었다.

한국 감독들의 필모그래피를 살펴보며 나는 한국 감독 중 가장 감독다운 감독인 홍상수 감독을 발견했다. 가장 감독다운 감독이라는 표현을 했지만 홍상수 감독이 한국에서 최고의 영화감독이라는 뜻은 아니다. 그가 특정 스타일을 가장 독보적으로 꾸준히 발전시켜온 감독이라는 의미다. 그는 지난 20년 동안 거의 매년 한 편씩 영화를 만들어왔다. 홍상수 감독이 직접 대본을 쓰고 찍은 그 영화들은 심지어 거의 모두 저예산이다. 그는 한국에서 특정 유형의 남성(주로 영화감독이나 학자)과 여성(주로 예술가)이 만나며 벌어지는 일을 다양한 각도와 선명한 시선으로 다뤄왔다. 그는 그런 장르의 영화에 대해 가장 발전한 스타일을 만들어낸 감독이다.

홍상수 감독은 "같은 영화를 반복해서 만든다"는 비난도 많이 받는다. 하지만 이런 비난은 화가 마크 로스코가 같은 그림을 반복해서 그렸다고 말하는 것과 마찬가지다. 홍상수 감독을 추상표현주의 화가와 비교하는 것이 적절한지는 잘 모르겠다. 그럼에도 그는 하나의 작품에서 다양한 방식으로 주제를 바라보면서 한 가지 이야기를 여러 번 변주하거나 시점에 변화를 주어 다양한 방향에서 조명해왔다.

홍 감독은 이 작업을 〈지금은맞고그때는틀리다〉에도 고스란히 담아냈다. 춘수라는 남성 인물은 영화감독이다. 그는 자신의 영화 상영회에 참석하기 위해 서울에서 남쪽으로 37킬로미터쯤 떨어진 수원에 도착한다. 일정보다 하루 일찍 도착한 그는 근처 유적지에서 시간을 보내다가 우연히 화가 희정을 만나게 된다. 희정은 춘수의 작품을 직접 본 적은 없지만 유명 감독을 만났다는 사실에 설렘을 드러낸다. 그는 그녀에게 커피를 마시러 가자고 제안하고, 그녀는 그를 자신의 작업실로 초대한다. 저녁 시간 그들은 회에 소주를 마시며 서로에게 호감을 표시한다. 이후 그녀는 모임(세 명의 중년 여성이 참석한)에 그를 데려간다.

그리고 이야기는 변주와 함께 처음부터 다시 시작된다. 첫 번째 버전의 이야기에서는 영화감독에게 작업 중인 작품을 공개하는 것을 주저하던 희정이 이번에는 상대적으로 자신 있게 자신의 작품을 꺼내놓는다. 이전 버전의 이야기에서 그녀의 그림에 칭찬을 쏟아부었던 춘수와 달리 두 번째 버전에서 춘수는 그림에 대해 건설적인 의견(비판에 중점을 둔)을 쏟아낸다. 그리고 희정이 술을 마시고 다른 방에서 잠든 사이, 술에 취한 춘수는 모임에 참석한 여성들 앞에서 갑자기 옷을 벗는다. 첫 번째 버전에서 춘수가 상영회 중 관객과의 대화에 참석한 패널을 무능한 사람으로 여겼던 것과 달리 두 번째 버전의 춘수는 그와 친해진다. 전반적으로 춘수에게는 첫 번째 버전의 이야기보다는 두 번째 버전이 더 긍정적일지도 모르겠다. 원치 않은 즉흥적 스트립 쇼에도 불구하고 두 번째 버전이 춘수에게는 확실히 더 낫다. 첫 번째 버전이 49퍼센트, 두 번째 버전이 51퍼센트 정도일 만큼 미세한 차이이지만.

두 번째 버전의 이야기는 춘수를 둘러싼 여러 소문으로 이어진다. 그 소문은 그가 여성 제작진과 맺는 여러 부적절한 관계에 대한 것이다. 이후 그는 다시 첫 번째 이야기로 돌아온다(영화가 '그때는 맞고 지금은 틀리다'라고 표현하는 것처럼). 춘수는 홍상수 감독의 많은 영화에 등장하는 남자 주인공들처럼 한심한 남자로 그려진다.

"이 한국 남자를 어떡하지?" 2012년 홍상수 감독의 영화 〈다른나라에서〉의 여자 주인공이 바람피우는 남자 주인공을 붙잡자마자 외쳤던 말이다. 홍상수 감독의 필모그래피가 남성 인물의 망상과 어리석음을 동시에 폭로하는 것처럼 보이는 것은 바로 이런 대사들 때문일지도 모른다. 그 남성 인물들은 종종 높기만 하고 융통성 없는 낭만적 이상과 저질인 데다 만족을 모르는 성적 욕망에 동시에 사로잡혀 있다. 홍상수 감독이 만들어낸 남자들의 이상은 결코 충족되지 않지만 그들의 욕망만은 종종 충족된다. 홍 감독은 현대 영화에서 가장 매력적이지 않은 섹스 장면, 즉 깜박이지 않는 카메라, 밝은 조명, 창백한 살갗, 노출된 방,

"신음해도 돼요?" 같은 대사로 이뤄진 장면을 등장시킨다. 그러나 다행히도 〈지금은맞고그때는틀리다〉에는 그토록 끔찍하고 솔직하게 성적 욕망을 다룬 장면이 등장하지 않는다.

한국 영화는 다양한 이유로 나를 매료시켰다. 그중 가장 큰 매력은 멜로드라마만이 성공하는 요즘 같은 시대에 멜로드라마가 아님에도 관객들이 터무니없이 고조된 감정을 느끼게 만든다는 사실이다. 홍상수 감독의 영화는 트렌드와는 정반대의 방식으로 성공을 거둬왔다. 간혹 좌절하거나 술에 취해 폭발하는 인물이 등장하는 장면을 제외하면, 한국 사회의 특정 부분을 있는 그대로 반영하는 거울이 될 때까지 '계몽주의적 태도'를 내려놓는 방식이 바로 그것이다(홍상수 감독의 작품을 싫어하는 사람들도 비현실적이라거나 계몽적이라는 이유를 들지는 않을 것이다).

홍상수 감독이 영화를 구성하는 방식을 고려하면 그가 만든 각각의 영화들은 서로 붙어 있지만 서로 다른 방향을 향하고 있는 일련의 거울이라고 설명하는 것이 맞을 것이다.

그렇기 때문에 홍상수 감독과 그전의 한국 감독들은 에릭 로메르와 우디 앨런만큼이나 서로 다르다. 작가인 내 친구가 뛰어난 조언을 해준 적이 있다. 그에 따르면 "구조에 집중하면 내용은 저절로 만들어진다." 그것은 홍상수 감독의 필모그래피가 이어져 온 또 다른 원동력일 것이다. 홍상수 감독이 남자가 여자를 우연히 만났을 때 일어나는 오해, 가식, 굴욕이라는 주제나 내용을 의도적으로 선택한 것이 아니라 그가 추구하는 영화의 구조에 따라 그 내용이 뒤따라온 것일지도 모른다는 말이다.

나는 앤서니 레인Anthony Lane의 말을 자주 곱씹는다. "홍상수 감독의 당황하지 않는 시선 앞에 펼쳐진 욕망의 풍경은 한 편의 목가적인 시에서 크게 벗어나 있지 않다"는 문장이다. 이 시선이 한국에서 펼쳐지는 욕망의 풍경 너머, 다시 말해 한국이 아닌 공간에서도 보편적으로 적용될 수 있는지는 관객 스스로 판단할 일이다. 그럼에도 나는 홍상수 감독이 자신의 작품에 담긴 보편성을 제대로 이해하고 있다는 느낌을 받는다. 언젠가 다른 종류의 이야기를 해볼 생각이 없느냐는 질문에 그는 이렇게 대답한 적이 있다. 남녀의 관계보다 더 매력적인 것은 없으며, 그들을 이해할 때까지 자신은 탐구를 멈추지 않을 거라고. 그러고는 "누군가 남성과 여성을 완전히 이해한다고 말한다면 그것은 거짓말"이라고 덧붙였다.

미국 대도시에서는
상상도 할 수 없는 일

한국에 도착한 직후부터 이 글을 쓰는 지금까지 나는 오직 서울에서만 살아왔다. 2년마다 이사를 하는 대부분의 서울 사람들과 달리 계속 같은 동네에서만. 그 동네는 바로 신촌이다. 신촌이라는 단어를 들으면 한국 사람들은 연세대학교와 이화여자대학교, 서강대학교와 같은 유명 대학교들을 가장 먼저 떠올릴 것이다. 어떤 사람들은 대학 시절의 추억을 떠올리면서 신촌에 한 번쯤 다시 가봐야겠다는 마음을 먹을지도 모르겠다. 대학생도 대학원생도 아닌 나는 신촌에 왜 그렇게나 오래 살아온 걸까?

미국에 있는 친척에게 내가 살고 있는 신촌이 어떤 동네인지 묘사할 때면 주로 칼리지 타운이라는 표현을 쓴다. 물론 한국에는 칼리지 타운이라는 개념이 따로 없다. 대부분의 명문 대학교가 수도에 집중되어 있기 때문이다. 대학교에 가지 않은 사람을 포함해 거의 모든 미국인들은 칼리지 타운이라는 단어에 꽤나 익숙하다. 대학교가 많고 이곳저곳에 흩어져 있는 미국에서는 유명한 대학교가 시골 또는 작은 도시에 위치하는 경우도 흔하다. 그리고 그 대학교들이 경제, 문화 등 다방면으로 활기를 불어넣는 동네를 칼리지 타운이라 부른다.

미국 칼리지 타운에서는 어디에서나 대학생들과 마주친다. 대학교가 세 개나 모여 있는 신촌에서처럼. 밤늦게 집으로 돌아오기 위해 신촌역을 통과하다 보면 지하철 개찰구 앞에서 애틋하게 작별하는 젊은 연인들을 발견할 수 있다. 대표적인 칼리지 타운이라는 점에서 신촌에는 저렴한 맛집과 공부하기에 좋은 카페도 많다. 엄밀히 말하자면 학생이 아닌 나에게 공부할 장소는 그리 중요하지 않다. 하지만 난 프리랜서 작가이고, 그렇기에 하루 종일 글을 쓰면서 커피를 마실 수 있는 곳이 정말 필요하다. 물론 작업할 공간을 찾아 이곳저곳의 카페를 다니는 것은 시험 기간이 아닐 때에만 가능하다. 그 기간이 되면 신촌의 편안한 카페에 자리 잡는 일은 하늘에서 별 따기가 된다. 그래도 아쉬운 대로 시험 기간만 잘 피하면 1970년대 연세대학교 학생들의 단골 카페로 명물이 된 독수리 다방에서 카푸치노를 즐기는 여유와 소소한 사치를 누릴 수 있다. 고등학교 시절 연세대학교에 입학할 정도로 명석하지 않았던 나도 말이다.

시애틀 주변에서 살던 10대 시절 워싱턴 대학교 인근의 극장에 자주 다니곤 했다. 그곳은 칼리지 타운이었고 각종 영화를 다양하게 상영하는 극장들을 어렵지 않게 발견할 수 있었다. 그 덕분에 그때부터 영화에 대한 관심을 키울 수 있었고 이후 꾸준히 영화에 몰입해왔다. 처음 한국으로 이사를 계획할 때에는 당연히 미국에서 봤던 다양한 영화들이 그리울 것이라 생각했다. 미국에서만큼 영화를 자주 못 볼 거라는 생각에 조금은 슬퍼지기도 했다. 하지만 그건 나의 착각일 뿐이었다. 미국 칼리지 타운에 살던 때와 마찬가지로 나는 신촌에서도 여러 극장을 방문한다. 이화여자대학교 내에 자리 잡은 '아트하우스 모모'나 연세대학교 근처의 '필름포럼'과 같은 작은 극장들이 대표적이다. 그 극장들에서는 꾸준히 독립영화와 다양한 국적의 영화를 상영했다. 영화를 보는 학생들이 많아서인지 한국 최초의 복합 상영관인 '아트레온'도 신촌에 위치해 있다. 한국에서 처음 몇 년간 살았던 집은 바로 그 아트레온 건너편에 자리했다. 그 덕분에 나는 예술 영화뿐 아니라 할리우드 블록버스터까지 여러 영화를 섭렵할 수 있었다.

도시학자들은 필요한 모든 것이 도보 15분 거리 안에 있는 지역을 '15분 도시'라고 부른다. 카페와 극장만이 아니라 백화점과 책방, 미용실과 병원이 모두 있는 신촌이야말로 대표적인 '15분 도시'다. 대부분의 미국 대도시에서는 감히 상상도 할 수 없는 편리함이다. 아마 나는 그 덕분에 신촌을 떠날 생각을 한 번도 한적이 없었던 것 같다. 얼마 전까지 살았던 한 건물은 문을 열면 지하철역 입구가 바로 보였다. 몇 년 전에는 골목길에 대형마트가 문을 열었다. 떡볶이와 호떡을 파는 오래된 노점들, 과일 트럭과 포장마차, 모든 것이 그 주변에서 거의 매일 장사를 했다.

나는 그러한 것들을 모두 즐긴다. 하지만 한국에 도착해 신촌에 정착하기로 한 이유가 단지 그것뿐이었던 것은 아니다. 한국에 이사를 고민하며 내가 고려한 정착지의 이상적인 조건은 세 가지였다. 첫 번째는 외국인들이 많은 이태원은 안 된다. 한국말을 배우기 어렵기 때문이다. 두 번째는 서울 대중교통에서 가장 중요한 요소인 지하철역과 가까워야 한다. 신촌은 1980년대 초반부터 2호선이 연결되어, 중요한 도심 중에 하나로 발전한 동네였기에 아무런 문제가 없었다. 세 번째는 빠르게 변화해온 강남보다는 상대적으로 오랜 기간 역사와 고유의 분위기를 보존하고 있는 강북이어야 한다. 바로 그 세 가지 조건들을 만족시키는 동네 중에서 특히 내 마음에 들고 집값이 적절했던 곳이 바로 신촌이었다.

1980년대 이후 40년 동안 청년 문화의 메카로 자리매김한 신촌과 나의 인연은 그렇게 시작되었다. 고백하자면 만약 신촌에서 40년을 더 살게 된다 하더라도 나는 전혀 불평하지 않을 것이다. 그러나 신촌에 영원히 머물지 않을 이유도 분명하다. 1980년대와 1990년대의 황금기를 누렸던 신촌이 이제 예전 같지 않다는 말이 끊이지 않고 들려온다. 여러 매체들이 쏟아내는 기사와 콘텐츠들도 그 사실을 계속해서 확인시킨다. 내가 한국에 와서 처음 몇 년간 글을 쓰러 다녔던 카페들은 이제 거의 다 사라졌다. 어떤 경우에는 건물 자체가 깡그리 사라지기도 했다. 내 마음에 드는 LP 바 하나가 간신히 남아 있긴 하지만 신촌이 전성기를 구가하던 1980~90년대 음악과 그 이전인 1960~70년대 음악을 변함없이 들려주는 공간은 이제 거의 남지 않았다.

물론 신촌에는 긍정적인 변화도 분명히 존재했다. 세 곳의 대학과 2호선 지하철역으로 문화의 중심지가 된 신촌은 근대 한국의 도시 개발뿐만 아니라 문화 발전에서 교육과 대중교통의 기여도가 얼마나 높은지를 너무나 구체적으로 보여준다. 한국이든 해외든 한 동네에 오랫동안 살면서 시간의 흐름에 따라 그 동네의 사회문화적 발전상을 관찰하는 것은 여전히 나를 크게 매료시킨다.

미국에서는 교수도 아니면서 20대 이후에도 계속 칼리지 타운을 떠나지 않으면 따가운 시선을 느끼게 될 것이다. 학생들에게 둘러싸여 살면 학생과 같은 방식으로 살 수밖에 없다는 인식 때문이다. 학생도 아니면서 신촌에 오랫동안 살아온 나도 그와 비슷한 상황에 맞닥뜨리게 될지 모른다. 최근 나는 신촌의 원룸 오피스텔에서 마흔을 넘기는 것은 바람직하지 않다고 생각했다. 그리고 매우 큰 변화인 결혼이 나를 신촌 바깥 다른 동네로의 이사를 결심하게 만들었다. 칼리지 타운에 머물던 나와 비슷한 또래의 많은 이들도 유사한 과정을 거치지 않았을까?

미국 중산층에게는 결혼했으면 복잡한 도심을 떠나 교외의 단독주택에서 살아야 한다는 고정관념이 자리하고 있다. 적어도 20세기 중반부터 단단하게 자리 잡은 인식이다. 그와 비슷한 한국 버전의 고정관념은 동이나 아파트 이름을 빼면 거의 똑같아 보이는 커다란 아파트 단지로 이사 가는 것이라 할 수 있다. 활기찬 신촌을 오랫동안 경험한 나에게 교외 단독주택이나 아파트 단지라는 선택지는 모두 그리 흥미롭지 못했다. 또한 내가 사랑하고 흥미와 매력을 느끼는 대다수의 장소는 여전히 신촌에 있었다.

물론 딱 하나, 서울 이곳저곳에서 흔히 발견할 수 있는 전통 시장이 신촌에는 없다. 신촌에도 예전에는 시장이 있었다. 현재 큰 백화점이 자리 잡은 그곳에 있었던 전통 시장은 백화점 건설 과정에서 사라졌다고 들었다. 지난 반세기 동안 한국이 급속도로 발전하면서 많은 전통 시장이 그와 유사한 방식으로 사라졌다. 한국인들에게는 이상하게 들릴지 모르지만 외국인인 나는 늘 시장 가까이에 살고 싶었다. 다행히 지금도 서울 중심부에서 멀어지면 어렵지 않게 전통 시장들을 찾을 수 있다. 운 좋게도 멀리 떨어지지 않은 화곡동의 까치산 시장이 여전히 성업 중이라는 사실을 알게 되었다. 내가 신촌을 떠나 까치산 근처로 이사하기로 결정한 이유 중 하나는 바로 그 전통 시장이었다.

신촌역과는 달리 애절하게 작별하는 젊은 연인이 없을 것이 분명한 까치산역을 지나칠 때면 두 동네가 얼마나 다른지 떠올리게 된다. 내 인생의 다음 장을 보낼 그 동네에도 여러 장점이 있을 것이다. 하지만 의심의 여지 없이 신촌만의 독특한 분위기와 느낌이 그리워질 테다. 어쩌면 길을 걷다 듣게 될 여러 노래나 우연히 보게 될 드라마도 신촌에 대한 향수를 불러일으키지 않을까. 이제 더 이상 신촌은 '우리 동네'가 아니다. 하지만 한국, 그리고 서울에 사는 한 나는 미용실에 가기 위해서라도 신촌에 방문할 것이다. 집에 돌아가는 길에 일부러 들러 독수리 다방에서 커피를 즐기거나 작은 영화관의 의자에 혼자 앉을 것이다. 벌써 그날이 기대된다.

서울을 사랑할 수밖에 없는
43가지 이유

얼마 전 버스에서 내리려다 말고 트윗 한 줄이 아니라 여러 트윗으로 길게 업로드할 아이디어가 번뜩 떠올랐다. 여느 때처럼 교통카드를 손에 쥐고 있다가 하차하기 위해 리더기에 가져다 대려던 순간이었다. 그 카드는 로스앤젤레스나 뉴욕의 교통카드처럼 기계에서 주기적으로 돈을 충전하는 것이 아니었다. 은행에서 발급받은 일반 카드로 물건을 살 때도 모두 사용할 수 있는 것이었다.

　나는 그 카드를 서울이 아닌 한국의 모든 버스와 기차역에서도 사용할 수 있다. 난 그 카드의 편리함 외에도 한국의 많은 편리함에 익숙해져 있었다. 그 모든 편리함 때문에 서울이 아닌 지방 도시는 물론, 상대적으로 덜 편리한 서구권 국가의 도시에서 더 이상 살 수 없게 된 건 아닌지 의문이 들 정도였다. 버스에서 내린 나는 버스 정류장에 멀뚱히 선 채로 '다른 도시에 사는 것을 심각하게 고민하게 만드는 서울만의 장점'들을 천천히 나열해보기 시작했다.

1. 대중교통 요금을 결제할 때 사용하는 카드는 일반 체크카드(충전할 필요가 없는)이며 전국 모든 도시에서 사용할 수 있다.

2. 모든 지하철역에는 예외 없이 화장실이 있고 누구든 사용할 수 있다.

3. 거의 모든 지하철역에 코인 사물함이 있으므로(앞서 언급한 카드로도 결제할 수 있기 때문에 코인이라는 단어는 그저 이름일 뿐이다) 하루종일 가방을 끌고 다닐 필요가 없다.

4. 커피숍 테이블 위에 개인 물품을 내려놓음으로써 내 자리를 지킬 수 있다. 심지어 그 물건은 비싼 것들이다. 화장실에 갈 때 근처의 누군가에게 내 물건을 맡기지 않아도 되는 것이다.

5. 동네에 한두 개 이상의 스타벅스가 들어와도 소규모 체인 커피점이나 작은 커피숍이 밀려나지 않는다.

6. 고등교육기관과 병원을 포함해 생활에 필요한 거의 모든 것이 집에서 도보 10분 거리에 있다(결코 과장이 아니다).

교통카드로 호환되는 체크카드에 대한 트윗을 올린 직후 내가 서구권 사람들에게 서울 생활을 설명할 때마다 항상 강조하는 또 다른 사실이 떠올랐다. 바로 모든 지하철역에 화장실이 있다는 것, 그것도 '괜찮은' 화장실이 있다는 것이다. 이전에도 나는 도시의 지하철역에서 화장실을 사용할 수 있느냐 없느냐가 그 도시의 문명 수준을 가장 잘 보여주는 지표라고 매우 진지하게 설명한 적이 있다. 거기에 더해 커피숍에서 화장실을 편하게 사용할 수 있는지까지도.

서울로 이사 오기 전에 난 커피숍에서 화장실을 이용하기 위해 자리에서 일어날 때마다 주변 사람들에게 내 컴퓨터를 지켜달라고 부탁해야 했다. 그리고 그만큼(대부분은 그것보다 오래) 커피숍에 앉아 소변을 참는 것에도 익숙했다. 하지만 서울은 점점 더 공공 장소에서의 절도 범죄가 줄어들고 있다. 그렇기 때문에 요즘 서울에서 옆자리의 누군가에게 그런 부탁을 한다면 마치 편집증 환자 취급을 받을 것이다.

7. 버스 안의 사람들과 스타벅스 안의 사람들 사이에는 큰 차이가 없다. 다른 대중교통을 이용할 때도 사회계급의 차이를 특별히 느낀 적이 없다.

8. 버스를 놓쳤는데 다음 버스가 5분 안에 오지 않으면 매우 불편하다.

9. 하지만 정류장의 화면은 항상 5분 안에 버스가 온다고 알려준다. 대개 그건 거짓말이 아니다. 그래서 난 다음 버스가 5분 안에 도착한다는 걸 정말로 믿는다.

10. 아무도 버스의 유리창을 긁지 않는다(미국에서는 도대체 왜 그런

일이 일어날까?).

11. 팁을 주지 않아도 된다(물론 이건 미국에 대한 나의 지극히 개인적인 불만일 뿐이다).

12. 길을 건너기 위해 버튼을 따로 누를 필요가 없다.

이 목록을 트위터에 올리자 한 서구권 출신의 외국인은 "좋은 목록이긴 하지만, 주로 지하철을 타고 커피를 마시는 것에만 집중된 리스트 같다"고 말했다. 하지만 전 세계 수많은 도시인의 삶은 대중교통이나 카페와 같은 요소들을 중심으로 이뤄진다. 이제 그런 것을 충분히 제공하지 못하는 도시는 뒤처진 곳이다.

물론 이러한 목록은 주제 자체에서 벗어나 미국에서 경험하는 범죄나 오물에 대한 두려움으로 변질될 수 있다. 그 두려움은 20세기 중반에 정점을 찍은 이후 수십 년이 지난 지금까지도 미국 도시를 특징짓는 것이다. 서구권 국가로 이주한 많은 한국인들은 그곳에서 돌아보니 서울 사람들도 범죄나 오물 등으로 끔찍한 고통을 겪고 있었다고 고백한다. 하지만 그들 대부분은 서구권의 도심이 아닌 교외에 사는 경향이 있다. 한마디로 도시와 도시의 직접적인 비교는 아닌 것이다.

13. 길거리에서 발견할 수 있는 쓰레기는 항상 쓰레기 봉투에 담겨 있다.

14. 아무도 젠트리피케이션을 이유로 커피숍 유리창을 깨지 않는다.

15. 여러 층으로 이루어진 영화관이 24시간, 혹은 거의 그만큼의 시간 동안 운영되는데도 항상 직원이 있고, '심지어' 정해진 절차대로 좌석을 예약해야만 들어갈 수 있다.

16. 포장마차.

17. 구두닦이 가게가 아주 많아서 어디에 가야 할지 따로 계획할 필요가 없다.

18. 한국에서 홈리스가 많은 지역으로 꼽히는 서울역 주변도 미국 어느 도시를 산책하든 마주치게 되는 홈리스보다는 그 수가 적다.

트윗을 계속 추가하면서 젠트리피케이션 현상이 떠올랐다. 젠트리피케이션은 서울에서는 쉽게 볼 수 없는 서구 도시 특유의 현상, 특히 한 동네가 변화할 때마다 격렬한 정치사회적 갈등을 촉발하는 현상을 말한다. 물론 서울에서도 도시의 일부를 철거한 다음 더 크고 현대적이며 세련되게 재개발하려는 개발업자들과 거기에 반대하는 사람들 사이에서 폭력적인 충돌이 일어난다.

하지만 커피숍을 운영하는 사람들이 '젠트리파이어gentrifier(젠트리피케이션에 찬성하는 사람들)'처럼 보인다는 이유만으로 시위대가 커피숍의 유리창을 마구 부순다는 이야기는 듣지 못했다(사실 한국에서 '젠트리피케이션'이라는 용어는 미국에서의 격렬한 의미가 상당 부분 희석된 의미에 불과할 때가 있다).

19. 그 누구도 길거리에서 갑자기 돈을 요구하지 않는다.

20. 거의 대부분의 건물이 주거와 상가가 섞여 있는 형태라는 점에서 '주상 복합'이라는 표현은 실제로 아무 의미가 없다(가게들은 보통 주거지 한 층 아래위에서 영업을 한다).

21. 나는 지금껏 한 번도 넓은 주차장을 가로질러 걸어 다닌 적이 없다.

22. 아파트 월세가 관리비를 포함해도 한 달에 500달러 미만이다.

23. 많은 사람이 중독 수준으로 즐기는 '배달'을 경험해보지 못해 제대로 언급하지 못하는 건 아쉽다. 하지만 배달이 필요 없을 정도로 식당들은 가까이에 있다.

24. 사람들의 옷차림에 대해 언급할지 말지 고민했다. 가끔은 주변 한국인들의 스타일에 대해 고민할 때가 있다. 하지만 그럴 때마다 곧바로 미국 사람들의 옷차림이 떠올랐다. 길거리에서 정체를 알 수 없을 만큼 촌스럽고 못생긴 카고 반바지를 볼 수 있는 것도 아닌데 한국의 패션을 따로 언급할 필요가 있을까(물론 길 잃은 서양인의 카고 바지를 제외한다면 말이다).

내가 서울의 장점을 트위터 스레드에 올리는 것이 알려지면서 팟캐스트 '서울 정착민'의 진행자 아리우스 데르Arius Derr를 비롯한 다양한 사람들이 관심을 가져왔다. 2017년부터 시작된 이 팟캐스트는 직업군에 관계 없이 서울에 거주하는 외국인들과 긴 인터뷰를 진행해왔다. 한 인터뷰에서 아리우스는 서울이라는 도시에 대한 나의 스레드에 반대 의견을 냈다. 그 의견 중 상당수는 내가 서울의 모든 것이 좋기만 하고, 나쁜 것은 하나도 없다고 단정적으로 말하는 것을 지적한 것이었다. 그간 이런 반대 의견을 낸 사람들 중 상당수가 저널리스트라는 점을 고려할 때 매우 흥미로운 모습이었다.

25. 사람들은 집 옆에 지하철역이 들어올 수 있도록 로비를 한다 (내가 알고 있는 대부분의 미국 도시에선 전혀 확인할 수 없는 모습이다).

26. 야외 음주(한국어 선생님에게 축제를 즐기며 밖에서 술을 마실 수 있는 미국의 버번 스트리트에 대해 설명했더니 그게 뭐가 대단하냐며 의아해했다).

27. 와이파이나 콘센트를 제공하지 않는 커피숍은 폐업하게 될 가능성이 높다.

28. 적당한 크기의 지하철역에도 출구가 여덟 개씩 있다(미국에서 살아본 사람만 발견할 수 있는 사실이다).

29. 사람들이 얼마나 친절한지 모른다. 물론 서울에 사는 많은 한국인의 의견은 다를 수 있다.

30. 고가도로 하나를 완전히 허물고 개천을 만들었다.

버닝썬 스캔들이 터졌을 때 서울이라는 도시가 여성에게 위험하다는 주장이 힘을 얻었다. 나 또한 잠시 멈춰 고민해야 했다. 서울이 위험하다고 생각하는 사람들은 정말로 뉴욕, 파리,

런던이 서울에 비해 여성에게 안전하다고 생각하는 걸까? 서울이 안전하지 않다는 인식은 단순히 강력 범죄와 관련된 여러 통계 수치에만 기반한 것이 아니다. 그 인식은 과거 '제1세계'와 비교하더라도 더욱 발전한 것처럼 보일 만큼 인상적인 외양을 갖춘 서울이 사실 그 속에는 썩은 것들을 감추고 있으리라는 삐딱하고 질투 어린 전제에 뿌리를 두고 있다.

〈코리아 엑스포제〉도 비슷한 인식을 가지고 있는 듯하다. 그들의 슬로건은 '있는 그대로의 한국'이다. 관광 홍보부터 TV 드라마에 이르기까지 다양한 형태의 홍보와 선전이 한국을 과도하게 긍정적으로만 설명하고, 한국의 부정적인 현실을 은폐하는 것에 대항하겠다는 것이다. 하지만 이러한 프로젝트의 위험은 특정 프로파간다에 대해 반박하기 위해서는 먼저 그 프로파간다 속으로 걸어 들어가 그것이 존재한다는 걸 입증해야 한다는 것이다. 그리고 그 과정은 그 프로파간다의 세계관, 특히나 한국에 대한 프로파간다의 세계관이 실제로 가지고 있는 것보다 더 큰 영향력을 가지고 있음을 암묵적으로 인정하게 한다.

31. 도로를 폐쇄해 공원으로 바꿨다.

32. 떡튀순.

33. 지하철 차량의 손잡이 끝에 고리가 있다(서구권 국가에서는 왜 이런 게 불가능한지 이유를 알고 싶다).

34. 승강장 가장자리에서 멋대로 선로로 떨어져 죽을 수 없다(스크

린 도어 때문이다).

35. 아무것도 없이 텅 비어 있는 로스앤젤레스 지하철역과 달리 서울 지하철역에서 길거리로 걸어 나갈 때면 안내 데스크에 더해 수많은 가게와 식당을 역 안에서 만날 수 있다.

36. 도서관의 책을 신청하면 지하철역에 있는 기계에서 수령하고 반납할 수 있다.

얼마 전, 〈코리아 엑스포제〉의 션 한Sheon Han 기자는 강남 쇼핑센터 한복판에 세워진 스타필드 라이브러리(별마당 도서관이라는 이름을 가지고 분명 인스타그램용으로 만들어진, 넓은 마당 형태의 공간에 유리 천장을 씌운 고대로마 건축 형식인 아트리움 형태의 공간)를 통해 서울에 대한 날카로운 비판을 제기한 바 있다. 그는 "스타필드 라이브러리는 교외 쇼핑몰 내 영화관과 비슷한 기능을 한다"면서 "고객을 먼저 끌어들인 다음 자연스럽게 쇼핑몰 내의 소비를 유도하는 미끼로서 문화 활동에서 소비 활동으로 이어지는 무의식적이고 무계획적인 연결고리를 제공한다"고 설명했다. 독서를 테마로 하지만 역설적으로 전혀 독서 친화적이지 않은 이 환경은 "현대 한국 사회에서 도서관처럼 무해한 공간에도 자본주의적 욕망이 어떻게 강요되고 있는지를 부끄러움 없이 보여준다. 또한 한국의 대기업들이 문화의 힘을 활용해 비즈니스를 어디까지 발전시키려 하는지를 보여주는 예시이기도 하다."

37. 어떤 열쇠도 가지고 다닐 필요가 없다.

38. 공식적으로 423개의 동네 단위 구역으로 세분화되어 이 동네가 '어디로 간주되는지'(지리적 모호함)에 대한 논쟁 없이 동네를 지칭할 수 있다.

39. 마치 비행기 내부처럼 좌석마다 별도의 에어컨과 독서등_{light}을 갖춘 버스.

40. 주류가 가득 찬 냉장고를 경비원도 잠금장치도 없이 외부에 두는 편의점.

41. 서울 우유.

42. 영어가 많지 않다(물론 영어가 거의 없는 일본 도시보다는 많은 편이다).

43. 방금 지하철역 안에서 헌책방과 커피숍을 동시에 운영하는 가게 하나를 지나쳤다. 그 가게는 너무 커서 카메라 프레임에 전부 들어가지도 않았다.

나는 스타필드 라이브러리가 개관한 이후 그곳을 여러 번 방문했다. 주로 "기성 작가와 젊은 작가 모두에게 열린 무대를 제공하고 독자층을 만들 수 있게 하는 무료 행사"와 같은 자리에 참석하기 위해서였다. 그리고 그 행사에는 미국의 비슷한 문학 행사보다 인구 통계학적으로 훨씬 더 다양한 범위의 사람들이 참석했다. 이는 한국인이 독서에 관심을 가지지 않는다고 한탄하는 많은 사람들을 반박하는 것이었다. 서울 곳곳에 우후죽순처럼 생겨나고 있는 전문 서점, 북카페, 책과 관련된 편의시설도 마찬가지다. 내가 참여한 수많은 북클럽도 미국인들이 상상하는 괴짜나 은퇴자들의 엉뚱한 모임과는 전혀 다른 모습이었다. 물론 이는 문화적 차이 때문이거나 서울이 지하철을 이용해 어디든 쉽게 갈 수 있는 도시이기 때문일 수도 있다.

2부

번역기도 어려워하는
한국어의 맛

한국에서 가장 어려운
퀴즈쇼

한 나라를 더 잘 이해하고 싶다면 그 나라에서 인기를 끌고 있는 텔레비전 게임쇼를 보자. 나는 이 문장의 의미를 GSN(미국 케이블 방송인 '게임쇼 네트워크')의 등장 이후 분명하게 체감할 수 있었다. GSN 덕분에 미국인들은 수십 년 전에는 전혀 알 수 없던 미국 사회의 모습을 선명하게, 때로는 과할 정도로 명확하게 볼 수 있게 되었다. 1970년대에 방영되었던 게임쇼인 〈세일 오브 더 센추리Sale of the Century〉를 지금까지도 사람들이 계속 시청하는 이유는 누가 새로운 차를 차지할지 궁금해서가 아니다. 트렌드를 적극적으로 따르고 싶고, 나아가 참가자로 등장하는 평범한 사람들의 개성에 큰 매력을 느끼기 때문이다. 그들은 전문 방송인처럼 표준화된 기준대로 움직이고 말하지 않는다. 그들은 자신이 생활하는 장소와 시간을 자연스럽고 선명하게 드러내는 방식으로 스스로를 표현한다. 그러니 외국에 살고 있다면 열심히 볼 게임쇼를 찾는 일은 분명 중요한 일이다.

한국이라는 낯선 나라에서 생활하고 있는 나는 2003년부터 매주 월요일 저녁마다 KBS에서 방영하고 있는 텔레비전 게임쇼인 〈우리말 겨루기〉를 즐겨 본다. 이 쇼는 가끔 유명인을 초대하기도 하고 국회의원을 부른 적도 있다. 하지만 주로 일반인 4인(혹은 가족끼리 2인 1조를 이룬 네 팀)이 출연해 한국어 지식을 겨룬다. 쇼는 참가자들이 십자말풀이 판에 맞는 단어나 구절을 맞히는 간단한 방식으로 시작한다. 하지만 금방 표준어와 사투리를 구분하고, 맞춤법을 맞히고, 옛날 표현에 칸을 뚫어 그곳을 채우는 어려운 문제들이 이어진다. 어느새 참가자들이 가장 어려워하는 문제인 띄어쓰기도 모습을 드러낸다.

〈우리말 겨루기〉처럼 영어로 된 괜찮은 텔레비전 게임쇼도 제작될 수 있을까? 미국인이라면 누구나 거의 종교로 느껴질 정도로 십자말풀이에 몰입하는 사람을 한두 명쯤 알고 있을 것이다. 하지만 그 열정도 텔레비전 게임쇼로까지 이어지지는 못했다. 많은 미국인들은 '스펠링 비Spelling Bee'와 같은 철자 맞히기 대회를 초등학교 시절 자주 보았던 기억을 가지고 있을 것이다. 하지만 그 대회가 전국적으로 계속해서 개최되고 있다는 사실은 그리 관심을 끌지 못할 것 같다.

미국에서는 너무 높은 수준의 어휘력에 많은 에너지를 쏟는 사람을 오만한 사람으로 여긴다. 또한 맞춤법과 같은 문법에 너무 과하게 집착하는 사람에게는 '문법 나치Grammar Nazi'라는 무시무시한 꼬리표를 붙이기도 한다. 이는 완벽주의적인 언어문화를 지닌 프랑스와는 대조적인 모습이다. 줄리 바로Julie Barlow와 장 베누아 나도Jean-Benoît Nadeau는 《The Bonjour Effect》라는 책에서 "프랑스어의 어려운 점은 프랑스어 사용자들이 대부분 언어광이라는 점이다"라고 말했다.

한국인도 언어광일까? 미국인과 비교해볼 수는 있겠지만 프랑스인만큼은 아닐 것이다. 서울의 거리에서 한국어와 관련된 실수를 누군가 바로 수정하는 일은 거의 일어나지 않는다. 치명적인 오해를 불러일으킬 수 있는 몇몇 예외적인 경우가 아니라면 말이다. 이는 프랑스어 사용자가 파리의 거리에서 겪는 일과 정반대다.

물론 서울에는 '세계에서 가장 과학적인 문자 체계'인 한글을 전문적으로 다루는 박물관이 있다. 난 그 인상적인 박물관에서 한국어 사전의 역사에 대한 깊이 있는 전시를 관람한 적도 있다. 일제강점기에 한글 사전 편찬을 위한 조직이었던 조선어학회는 장편영화 〈말모이〉에 모티브를 제공했다. 2019년 여름에는 대한민국의 대표 배우 중 한 명인 송강호가 한글 창제를 처음 지시한 15세기 통치자 세종대왕으로 분한 영화 〈나랏말싸미〉가 개봉했다. 그만큼 한국도 한국어에 진심인 나라인 것이다.

〈우리말 겨루기〉에 참가하는 많은 사람이 대회 준비에 상당한 시간과 에너지를 들인다. 그렇지만 띄어쓰기 문제를 포함한 모든 문제를 성공적으로 풀고 최종적으로 '달인'이라는 칭호를 얻는 참가자는 전체 참가자의 약 7퍼센트에 불과하다. 그들 중에는 수천 쪽에 이르는 사전을 달달 외울 시간이 있는 중년의 주부들과 직업적 의무로 국가 공인 용어를 사용해야 하는 공무원들이 포함돼 있다.

이 게임쇼는 논리나 상식이 아닌 '우리말'을 소재로 삼는다는 점에서 언뜻 한국에서 가장 쉬운 게임쇼처럼 보일 수도 있다. 하지만 〈우리말 겨루기〉는 사실 한국의 텔레비전 게임쇼 중 가장 어려운 쇼에 속한다. 나는 이 책에 실린 다른 글에서 한국어가 얼마나 어려운지에 대해 말한 적이 있다("세종대왕에게 보여주고 싶은 짤방"). 그 글에서는 한국어가 서양 출신 학습자에게 어렵다는 이야기를 한 것이었다.

그러나 〈우리말 겨루기〉를 보면 한국어가 확실히 한국인에게도 어려운 언어라는 걸 뼛속깊이 이해하게 된다. 더 구체적으로는 〈우리말 겨루기〉 속 문제들은 한국어의 기초적인 요소들을 거의 모두 반영한다. 실제로 직접 글로 쓸 일이 많지 않은 의성어(가전제품 설명서는 물론 영어 번역본에서도 볼 수 있는)가 등장하기도 한다. 오랫동안 사용되어온 지역 방언과 관련된 문제(서울과 부산은 로스앤젤레스와 샌프란시스코만큼 멀리 떨어져 있어 두 도시의 언어는 가끔 서로 알아듣지 못할 정도로 다르다), 표음문자인 한국어와 표의문자인 한자를 띄어쓰기 없이 혼용하던 일본식 국한문혼용에서 벗어나 거의 모든 경우에 한글만 사용하는 한글전용으로의 변화와 관련된 문제도 출제된다. 한국에 거주하는 외국인에게 〈우리말 겨루기〉만큼 평범하고 다양한 한국인의 모습을 통해 한국어의 세세한 부분을 몸소 배울 수 있는 교육용 프로그램은 단언컨대 없다.

심지어 그 쇼는 의외로 매우 흥미진진하다. 나는 평소 게임쇼를 보며 흥분하는 편은 아니다. 그런데도 가끔 그 프로그램을 보면서 나도 모르게 소리를 마구 지른다. 특히 몇몇 참가자가 나는 전혀 생각지도 못한 답을 맞혔을 때 그렇다. 난 아주 운이 좋은 날에도 네 문제 중 한 문제 정도를 겨우 맞힐 수 있을 뿐이다. 보통의 경우엔 열 문제 중 한 문제 정도를 맞힐 수 있다. 하지만 언어를 배우는 사람이라면, 특히 자신이 배우는 언어의 고향에 거주하는 사람이라면 이전에는 맞히지 못했을 답을 맞혔을 때의 짜릿함을 잘 알고 있을 것이다. 또한 자신이 모르는 부분에 계속 몰두하다 결국 답을 알아내게 되는 순간의 그 미묘한 전환이 얼마나 나를 만족시키는지도 알 것이다. 〈우리말 겨루기〉에 출연한 한국인들에게도 그 미묘한 전환이 큰 상금을 받을지 또는 적은 상금을 받을지를 결정한다. 방청석에서 가족들이 손수 만든 응원 팻말을 흔드는 가운데 그들은 그 짜릿한 순간을 만들어내기 위해 노력한다.

여전히 이방인인 내게 〈우리말 겨루기〉는 이따금 맛볼 수 있는 기쁨이다. 나는 한국어가 의사소통을 방해하는 성가신 장애물이 아니라 매력과 동경의 대상이라고 여긴다. 그렇기 때문에 나는 한국에 오래 거주하는 외국인이 종종 한국어와 관련해 토로하는 괴로움이 남의 이야기처럼 느껴질 때가 있다. 그럼에도 때로 좌절감을 느낀다. 특히 한국 사회가 뒤죽박죽 토막 난 '글로벌 영어'를 쓰느라 자신의 모국어인 한국어를 무시하는 것처럼 느껴질 때마다 그렇다. 최근 한국어는 점점 더 시들어가고 있다. 한국의 여러 대중문화 및 언어 전문가들은 그 원인이 한국어가 가진 가장 풍부한 유산들을 제대로 활용하지 않는 것에 있다고 진단한다. 하지만 여전히 일반인들이 방송에 출연해 자신의 한국어 실력을 뽐내는 모습을 볼 때면 내 가슴은 벅차오른다.

나를 한국으로 오게 했던 중요한 이유 가운데 하나인 한국어를 떠올리게 된다. 매일매일 난 한국어를 마스터하기 위해 악전고투한다. 그리고 〈우리말 겨루기〉에서 힘을 얻는다. 사전을 달달 외우는 한국어 원어민들에게도 한국어를 마스터하는 것은 거의 불가능하다는 사실을 깨달으면서. 이상하게도 그 사실에서 한국어를 더 공부할 힘을 얻으면서.

듀오링고에
중독된 외국인

지난 몇 주 동안 나는 사랑의 열병에 시달렸다. 그건 사랑을 넘어 거의 중독에 가까웠다. 몇 년 전 출시되어 나처럼 '정상적인' 삶을 살던 많은 사람을 중독에 빠지게 한 언어 학습 앱 '듀오링고'와 사랑에 빠진 것이다. '정상'이나 '중독'이라는 표현이 조금 지나칠지도 모른다. 하지만 듀오링고에 빠진 사람들은 한 번에 몇 시간씩 화면을 응시하며 외국어 퀴즈를 풀었다.

이미 몇 년 전 나는 듀오링고의 매력에 대해 들었었다. 그 순간 나는 이미 그전에도 흔들리고 있던 내 시간 관리 시스템에 닥칠 비극적 운명을 감지했다. 그 때문에 듀오링고를 애써 외면해 왔다. 하지만 1~2년 전부터 나에게 한국어를 가르쳐주던 선생님이 최근 스페인어를 배우기 위해 이 앱을 사용하기 시작한 것을 보면서 듀오링고에 다시 관심을 가질 수밖에 없었다. 선생님은 이 앱에 최근 한국어 코스가 추가되었다면서 한 번 사용해보고 그 효과에 대해 의견을 말해달라고 요청했다.

가수 루이스 폰시와 대디 양키가 없었더라도 스페인어는 여전히 영어권 듀오링고 사용자들 사이에서 가장 인기 있는 언어일 것이다. 이 어플을 통해 세르반테스의 언어, 다시 말해 스페인어를 공부하는 영어 사용자는 2340만 명이나 된다.(2019년 기준) 그중에는 나처럼 이미 학교에서 5~10년 동안 의무적으로 스페인어 수업을 들었음에도 여전히 부족한 실력을 부끄러워하며 발전시키려는 사람도 많을 것이다. 스페인어에 이어 두 번째로 많이 배우는 언어(학습자 수는 약 1000만 명 적지만)는 영어권 학습자의 또 다른 골칫거리인 프랑스어다. 애석하게도 지난 한 세기 동안 프랑스어의 지위는 많이 내려왔다. 그럼에도 여전히 많은 사람들이 프랑스어를 배우고 싶어 한다. 다른 글에서도 언급했던 것처럼 프랑스인들도 여전히 스스로 프랑스어를 높이 평가하고 실제로도 높은 수준의 언어 생활을 유지한다.

스페인어와 프랑스어 학습에 대한 관심은 여전히 폭넓다. 영어를 기반으로 두 언어를 가르쳐온 인류의 역사도 꽤 오래되었다. 그렇기 때문에 듀오링고가 제공하는 두 언어와 관련된 코스는 상당히 광범위하다. 프랑스어는 인사, 가족, 기술, 돈, 예술, 영성에 이르기까지 10~25개의 주제로 구성된 여덟 개의 단계로 나뉜다(스페인어는 한 단계가 적다). 각각의 주제는 5단계의 퀴즈로 구성된다. 대부분 프랑스어에서 영어로 혹은 그 반대로 단어나 문장을 번역하는 문제가 포함되어 있고, 가끔 듣기와 발음 테스트도 포함되어 있다.

영어가 어플의 기준 언어라는 점을 생각하다가 최근에 읽은 윌리엄 알렉산더의 《나이 들어 외국어라니Flirting with French》가 떠올랐다. 그 책을 떠올린 나는 잠시 멈칫했다. 중년의 나이에 프랑스어를 다시 배우기 시작한 알렉산더는 수업 시간에 영어 사용을 금지한 선생님에게서 한 가지 지혜를 배운다.

> "프랑스어는 영어를 번역한 것이 아니다. 즉 영어를 암호화시켜 프랑스어를 만든 게 아니기 때문에 이해하기 위해 프랑스어를 다시 영어로 변환시킬 필요도 없다. 프랑스어는 그냥 프랑스어일 뿐이다. 프랑스인이 프랑스어로 무언가 생각할 때 당연히 영어로 어떤 의미인지 떠올리지 않으며 그저 프랑스어로 의미를 표현한다. 영어 단어를 그저 프랑스어 단어로 바꿔치기한다고 되는 게 아니다. 프랑스어 의미를 이해하려면 그것이 사용되는 상황을 이해해야 한다."(219쪽)

알렉산더는 책에서 계속해서 완고함을 드러낸다. "프랑스어로 무언가를 말하려면 일단 하고 싶은 말을 영어로 생각한 다음 그것을 프랑스어로 바꾼다." 그는 "우리는 이 머릿속 번역가를 없애야 한다. 번역가를 통하면 대화 속도에 맞춰 빠르게 대처하지 못한다"는 것을 잘 알고 있음에도 이렇게 고백한다. 영어와 거의 또는 전혀 관련이 없는 언어의 경우에는 더욱 그렇다. 예를 들어 내가 중국어와 일본어를 공부할 때 사용한 듀오링고 코스는 모두 프랑스어나 스페인어 코스와 본질적으로 동일한 형태를 취하고 있다. 일본어 코스는 스페인어 코스만큼 길지만 발음을 테스트하지는 않는다(물론 나는 일본어에서는 발음이 덜 중요하다는 것을 알고 있다. 중국어처럼 성조가 있는 언어를 배우면서 내가 경험한 여러 번의 작은 실패 덕분이다).

한국어는 듀오링고에서 가장 짧고 부족한 코스 중 하나다. 한국어 코스가 이렇게 짧은 이유는 비교적 최근에 도입되었기 때문일 것이다. 아마도 전 세계적으로 급속히 증가하는 K-팝과 K-드라마 팬들의 압력으로 인해 갑작스레 코스가 준비되었기 때문이다(현대 한국 문화의 여러 측면들에 모두 시간을 할애할 여유가 없는 분들을 위해 한국어 코스는 'K-팝' 파트를 따로 제공한다).

한국어가 프랑스어나 스페인어는 물론, 중국어나 일본어만큼 교육학적으로 발전한 언어가 아니라는 사실도 중요하게 작용할 것이다. 오늘날 한국에서는 가장 유명한 대학 어학 프로그램에 참여하는 학생들조차 비논리적인 강의 구조와 비효율적인 학습법에 대해 불평한다. 한국어는 진취적인 학습, 그러니까 최대한 많은 학습 방법을 찾고 모든 각도에서 자료에 접근하려는 열정적인 학습을 요구한다. 그건 10여 년 전 내가 혼자서 한국어를 배우기 시작했을 때도 그랬고 지금도 마찬가지다.

난 몇 년 전 미국 라디오 방송국에서 저녁 아나운서로 일하는 동안 한국어 공부법을 파악하기 위해 낮은 레벨의 한국어 과정을 공부했다. 틈틈이 간단한 플래시 퀴즈를 풀며 한글을 익히려 애썼던 기억이 어렴풋이 떠오른다. 스마트폰도 유튜브도 없던 시절, 팟캐스트는 있었지만 언어를 가르치는 팟캐스트는 거의 없던 시절이었다. 물론 한국어를 가르치는 팟캐스트도 없었다. 그때 나는 지역 대학 도서관에서 한국어 문법 교재를 찾아보았다. 1987년 이후에 출판된 교재는 단 한 권도 없었다. 반면 요즘 한국어를 배우기 시작한 사람이라면 웹 검색 몇 번만으로 온갖 텍스트는 물론 시청각 교재까지 접할 수 있다. 압도적인 양의 자료가 쏟아진다. 물론 당연히 거의 모든 자료가 무료다.

지난 10년간 '부분 유료화'라는 신조어가 생겨날 정도로 언어 분야에서는 다양한 부분 유료 앱과 서비스가 등장해왔다. 기본 기능은 무료이지만 계속 확장되는 추가 기능은 구매해야 하는 방식이었다. 특히 한국에서는 휴대전화 기반의 부분 유료화 앱이 이제 하나의 산업을 형성하고 있다. 듀오링고 역시 부분 유료화 정책을 따르고 있다. 사용자는 동일한 작업을 반복 수행하면서 레벨을 완료한다. 전체 사용자 사이에서 자신의 순위를 확인하며, 앱 내의 화폐와 '경험치'를 획득한다. 실수를 하거나 단어 또는 문장을 잘못 번역할 때마다 사용자는 '하트'를 하나씩 잃게 되는데, 유료 프리미엄 멤버십에 가입하면 이 하트를 무한대로 늘릴 수 있다.

실리콘밸리에서는 비디오게임의 원리를 게임 외적인 맥락에 적용하는 것을 '게임화'라고 부른다(우리 모두 한 번쯤 소셜 미디어에서 구현된 게임화의 효과를 느끼고 경험한 적이 있을 것이다). 나도 학창 시절에는 스페인어 수업보다 비디오게임이 더 재미있어 보였고, 실제로 대부분의 시간을 비디오게임에 빠져 보냈다. 프랑스어를 배우는 아이들도 마찬가지였을 것이다. 학교에서 공부하는 과목 중에 비디오게임처럼 연습과 즉각적인 피드백에 적합한 과목이 얼마나 될까? (실제로 듀오링고는 학교 전용 버전도 출시했다.) 나도 대학을 졸업하고 나서야 겨우 외국어 공부에 대한 혐오감을 극복할 수 있었다. 그리고 얼마 지나지 않아 한국어 학습의 '레벨 업'을 경험할 수 있었다.

듀오링고는 이 과정을 명확하게 설명해준다. 교실과 달리 듀오링고는 개별 학습자의 실력에 맞춰서 난이도를 자동적이고 지속적으로 조절해준다. 그런 방식을 통해 항상 너무 쉽지도 어렵지도 않은, 미하이 칙센트미하이 교수가 '몰입'이라고 이름 붙인 상태를 유도하는 도전 과제를 제공한다. 듀오링고는 가르치지 않고도 학습이 가능하게 한다. 듀오링고를 며칠 또는 몇 달간 플레이해보라. 그러면 앱이 단 한 번도 암기를 요구하거나 단순히 읽고 듣고 흡수하라고 요구한 적이 없다는 사실을 깨달을 것이다.

한글에 대한 지식이 전혀 없는 초보 한국어 학습자도 듀오링고의 한국어 코스를 시작하는 순간 처음에는 한 가지 선택지만 있는 객관식 문제, 그다음에는 정답이 분명한 문제, 이전 문제를 변형한 문제 등 다양한 문제에 답하게 된다. 문장이 점점 번역하기 어려워질수록 게임화가 효과를 발휘한다. 숙제를 하기 싫어하는 학생과 달리 앱의 사용자는 여전히 계속 레벨을 올리고 싶어 한다. 계속 한국어를 배우고 싶든 아니든.

인기 있는 테드TED 강연에서 의사소통 기술 트레이너인 마리안나 파스칼Marianna Pascal은 영어 학습자들에게 "비디오게임을 하듯 말하라"고 권한다. 마치 비디오게임을 하듯 영어를 말하는 사람은 "비판받는다는 느낌을 받지 않는다. 그는 대화 상대방과 자신이 얻고자 하는 결과에 전적으로 집중한다. 그는 자의식이 전혀 없고 자신의 실수에 대한 생각도 없다." 파스칼은 "수준은 높지만 전적으로 자기 자신에게만 집중하고 '제대로' 하려고만 하기 때문에 매우 비효율적인" 화자와 "수준은 낮지만 상대방에게 전적으로 집중하고 결과를 얻는" 화자의 차이점을 강조한다.

완벽은 좋음의 적이라는 말이 있듯이, 듀오링고에서 가장 인기 있는 언어인 영어를 배우는 사람들은 대부분 위험에 처할 때마다 그녀의 말을 잊어버린다. "영어는 가지고 놀 수 있는 도구처럼 교육되고 있지 않다"고 파스칼은 말한다. "영어는 여전히 숙달해야 할 예술처럼 교육된다. 그리고 학생들은 명확성보다는 정확성에 대해 더 많은 평가를 받는다." 이는 영어뿐만이 아니라 다른 언어에도 그대로 적용된다.

파스칼은 강연 말미에 "오늘날 영어는 숙달해야 할 예술이 아니라 결과를 얻기 위해 사용하는 도구일 뿐"이라는 다소 문제적인 전제를 여러 번 강조한다. 이는 실용주의적이고 탈권위적인 소탈한 영어, 즉 '글로비시Globish'를 전파하는 태도다. 물론 언어를 처음 배울 때는 전적으로 결과 지향적인 접근 방식을 취하는 것이 좋다. 하지만 언어처럼 방대한 문화적 산물을 단순한 도구의 지위로 격하시키면서 숙달이라는 개념을 버리는 것은 언어 학습이라는 행위를 허무주의로만 가득 채우는 것이다. "이 정도면 충분하다"는 태도는 궁극적으로 인생이나 자신의 동기를 위해서도 결코 충분하지 않다.

나는 한국어에 좌절감을 느낀 적이 많다. 하지만 한국으로 이주하기 전에도, 듀오링고와 같은 엄청난 학습 보조 도구가 등장하기 전에도 정말로 한국어 학습을 그만두려고 생각한 적은 없다. 역설적이게도 그 과정에서 나를 버티게 해준 것은 언젠가 내가 한국어로 원하는 것을 '적당히' 할 수 있다는 사실이 아니었다. 한국어의 숙달은 불가능할 정도로 먼 꿈이라는 사실이었다.

듀오링고로 한국어를 마스터할 수 있을까? 결코 그렇지 않을 것이다. 한국어를 제대로 구사하지 못하는 많은 서양인은 이 말에 실망할진 몰라도 놀라워하지는 않을 것이다. 듀오링고는 수천 개의 문장을 번역하고 재번역하는 과정을 제공한다(그 문장들은 종종 꽤나 기괴하고 인상적일 정도로 문법적이지 않을 때도 있다). 그 과정을 통해 우리는 언어의 구조를 뇌에 깊이 각인시켜서 적어도 숙달이라는 걸 느낄 수 있을 만큼은 한국어를 습득할 수 있다 (듀오링고가 스페인어·프랑스어·중국어 코스에서 사용하는 듣기 및 발음 테스트를 한국어 코스에서도 빨리 제공하면 좋겠다. 듣기는 한국어 학습의 가장 어려운 측면 가운데 하나다. 대부분의 사람들은 자신이 정확하게 말할 수 있는 것만 정확하게 들을 수 있기 때문이다).

그렇다면 듀오링고를 가장 잘 보완해주는 것은 무엇일까? 나는 한국어를 공부한 지 10년이 넘었고 서울에서 생활한 지는 4년이 넘었다. 그럼에도 여전히 일대일 레슨을 받고 매일 한국어 라디오, 팟캐스트, 영화, 텔레비전 프로그램, 책을 최대한 많이 접한다. 그렇다. 데이터를 축적하는 것만이 언어 습득을 진정으로 보완할 수 있다.

한국어 학습자들은 언어의 규칙을 잘 따르면 성취를 높일 수 있다고 생각한다. 그러면서도 그 과정에 얼마나 많은 언어적 데이터가 필요한지는 과소평가한다. 프랑스어나 독일어(듀오링고에서 다섯 번째로 인기 있는 코스로서 한국어보다 일곱 단계나 위에 있다)보다 훨씬 유연한 한국어의 '규칙'은 설명보다는 추론을 통해 더 효과적으로 내면화된다. 그런 의미에서 한국어는 듀오링고와 같이 설명 없이 모든 예제를 제공하는 시스템에 매우 적합하다.

나는 모든 사람에게 추천하는 표준 한국어 학습 전략 목록을 만들어왔다. 그 목록에서 난 자신 있게 듀오링고를 추천할 것이다. 물론 듀오링고는 목록에 있는 어떤 전략도 완전히 대체할 수 없다. 최종병기 같은 것도 아니다. 또 듀오링고의 모든 도전 과제에서 최고 점수를 받는다고 해서 〈우리말 겨루기〉에 참가할 준비가 되었다는 것도 절대 아니다. 하지만 듀오링고와 같은 학습 어플을 사용하는 것이 지하철에 앉아 휴대전화 화면만 내려다보는 다른 사람들보다는 아주 조금이라도 생산적인 시간을 보내는 방법이지 않을까?

세종대왕에게 보여주고 싶은
인터넷 밈

20년 전만 해도 한국어에 대한 관심은 전 세계 어디서도 찾아보기 힘들었다. 이제는 상황이 달라졌다. 한국어에 대한 관심이 그때와 비교할 수 없을 정도로 엄청나게 커진 것이다. 20년 전 당시 난 다이아몬드 리오Diamond Rio의 노래에 내주던 귀중한 MP3 용량을 냅스터에서 다운로드받은 몇 곡의 한국 대중가요에 할애했다. 그럼에도 한국어를 배우고 싶다는 생각은 거의 들지 않았다. 하지만 이제 'K-팝'이라는 이름으로 서구권 국가를 강타하고 있는 음악과 가수들은 한국어 공부에 큰 동기를 부여한다. 한국어의 집약체 그 자체인 K-드라마 또한 한국어 공부에 큰 동기를 부여하고 있다. K-팝과 K-드라마가 전 세계적으로 열광적인 팬층을 확보할 수 있었던 것은 비슷한 시기에 함께 발전한 소셜 미디어에 크게 힘입은 것이었다.

그런데 한국에서는 줄여서 'SNS'라 잘 불리는 온라인 공간에서 많은 한국어 학습자들은 집단적 좌절감을 표했다. 한국어 공부는 처음에는 쉬워 보인다. 한국어가 중국어와 달리 표의문자가 아닌 표음문자를 사용한다는 사실을 난 동방신기의 노래를 이해하지 못한 상태로 듣던 고등학교 시절부터 익히 알고 있었다. (얼마 전까지만 해도 한국어 역시 일본어처럼 한자와 표음문자를 섞어 썼다. 지금도 그랬으면 좋겠다는 생각이 들지만 여기서 그 이야기는 그만하도록 하자.) 문자 그대로 '한국의 글'인 한글은 15세기 조선의 왕 세종대왕이 창제했다. 세종대왕은 "한글을 똑똑한 사람은 하루, 어리석은 사람은 일주일이면 배울 수 있다"고 설명한 것으로 기록되어 있다.

하지만 이 주장은 한국어를 아직 잘 이해하지 못한 채 온라인 공간에 밈만을 쏟아내는 사람들을 제외했을 때에만 비로소 사실일 것이다. 인터넷 밈은 간단한 이미지와 텍스트로 구성되어 있다. 영어를 제외하면 언어적 공통점이 많지 않은 한국어 학습자 사이에 퍼지기에 안성맞춤인 것이다. 이런 밈을 쓰는 사람들은 누구나 그 사람이 똑똑하든 멍청하든 혼자 배울 수 있는 수준의 한글을 인터넷에서 처음 접했을 때의 짜릿함을 잘 알고 있을 것이다. 그리고 이후 '진짜' 한국어 텍스트를 읽으려 시도했을 때 겪게 되는 즉각적인 허탈감, 우연히 들은 한국어를 알아듣지 못했을 때의 좌절감과 이후에도 계속 이어지는 절망감에도 공감할 수 있을 것이다.

나는 한국어를 공부하면서 말하기와 쓰기를 완전히 별개의 문제로 학습할 때가 있었다. 하지만 나는 처음 몇 년 동안 책으로만 한국어를 독학한 그 경험이 얼마나 한국어를 구사하는 능력, 더 본질적으로는 한국어로 말하고 이해하는 능력에 도움이 되지 않았는지 분명히 기억한다. 당시 난 한국어 학습 경험이 거의 없었기 때문에 한국어 문법과 구문을 먼저 익힌 다음 어휘는 나중에 채울 수 있다고만 생각했다. 그건 아마도 아주 소수의 한국어 선생님들만이 고개를 끄덕일 만한 방법이었다.

다시 말해 내가 초반에 한국어를 공부했을 때의 방법은 순서가 뒤바뀐 공부법이었다. 하지만 장기적인 관점에서는 그 방법이 한국어에서 밈으로 가장 많이 쓰이는 요소를 내가 미리 경험하게 해주었다. 한국어를 배우는 외국인이라면 충분히 짐작할 수 있겠지만, 명사 뒤에 붙는 '은/는'과 '이/가'라는 조사는 대부분의 서양인에게 오랫동안(어쩌면 영원히) 베일에 싸인 것이다. 영어에서는 이를 '주어 표시어'와 '주제 표시어'라고 부르는데, 한국어 교육학에서 확립된 많은 관행과 마찬가지로 한국어 학습에 전혀 도움이 되지 않는 설명이다. 일본어 원어민은 일본어에도 비슷하게 '와'와 '가'가 있기 때문에 한국어 조사가 쉬울지도 모른다. 하지만 나는 대체 언제 '은/는'을 사용해야 하는지, 언제 '이/가'를 사용해야 하는지 완전히 이해하지 못하고 체념해 버렸다.

그럼에도 한국어를 공부한 지 10여 년이 지난 지금, 그리고 그

중 뒷부분의 거의 10년을 한국에서 보낸 지금, 나는 강조점을 가끔 잘못 배치하는 것을 제외하고는 조사들을 충분히 신뢰할 정도로 쓸 수 있다. 아마 그건 이론적 지식보다 정확하고 적절한 예시를 여러 번 듣고 읽은 덕분일 것이다(그렇다고 해서 내가 언어 경험을 충분히 많이 쌓았다는 뜻은 아니다. 여전히 나의 한국어 경험은 부족하기만 하다). 표기에 익숙한 일본인과 대부분의 한국어가 바탕을 둔 한자에 익숙한 중국인에 비해 서양인이 한국어 학습이 불리한 것은 사실이다. 하지만 대부분의 서양인이 유럽 언어의 동사 사용법에 대한 경험이 풍부하다(동사 분야에서 최악의 학습 난이도를 맛보고 싶다면 스페인어나 프랑스어가 아닌 핀란드어나 마자르어를 공부하라). 비교적 간단하고 암기할 필요가 없는 한국어의 동사 활용법에 겁먹지 않을 정도는 된다는 것이다.

물론 여전히 한국어는 외국인 학습자를 불안하게 한다. 특히 높임말이 그렇다. 영어처럼 표면적으로는 평등한 언어를 사용하는 원어민이라면 더욱 불안을 느낄 것이다. 머리로 이해하는 건 어렵지 않지만 순간순간 거의 반사적으로 사용해야 하는 것이 바로 한국어 높임말이다. 한국 드라마를 정주행하는 것이 언어 학습에 도움이 된다고 주장하는 사람들은 많은 한국 드라마가 위계적인 가족 및 기업 내의 역학 관계에 초점을 맞춘다는 사실을 잘 알고 있다(그래서 수다스럽고 제작비가 낮은 '아침 연속극'은 식탁, 회의실, 병원 등을 배경으로 하는 장면이 많다는 점에서 주요 교육 자료로 활용되고 있다). 한국인의 일상에서 드러나는 공손함이 편의점점원의 정교한 언어적 예의에 당황하게 될 정도인 일본어만큼 어지러울 정도는 아니다. 하지만 한 음절만 잘못 발음해도 의도치 않게 심각한 모욕을 저지를 수 있는 위험은 한국 사회에도 여전히 존재한다.

먼저 한 음절을 다른 음절과 구별해야 하는데, 그게 우리 모두를 울고 웃게 만들 만큼 어렵다. 가끔 수년 또는 수십 년 동안 이곳에 거주한 외국인들을 만나도 그들 역시 예사소리 'ㄱ', 된소리 'ㄲ', 거센소리 'ㅋ'의 차이를 아직도 구분할 수 없다고 불평한다. 아직 많은 밈 생산자의 눈에 띄지 않은 부분이기도 하다. 이는 일부 희망을 품었던 한국어 학습자들이 공부를 제대로 시작하기도 전에 그만두게 만든다. 그럼에도 어떤 사람들은 기본적인 글꼴, 시트콤 인용문, 만화 화면 캡처, 동물 사진 등을 조합해야만 제대로 의미를 표현할 수 있을 정도로 복잡 미묘한 한국어를 여전히 포기하지 않고 계속해서 공부하고 있다.

'맘충'은
번역될 수 있을까

영화 〈82년생 김지영〉은 예고 편이나 포스터 등에서 "당신과 나의 이야기"를 약속한다. 영화는 당신과 내가 우연히 30대 중반의 한국 여성이 된다면 어떤 일이 벌어질지, 그 주인공의 배경과 우리의 배경이 얼마나 일치할지를 보여준다. 영화의 원작 소설이 불러일으킨 뜨거운 반향을 생각하면 충분히 이해할 수 있는 대목이다. 《82년생 김지영》은 전직 방송작가인 조남주의 소설 데뷔작이다. 학교, 가정, 직장 등 다양한 영역에서 고군분투하고 좌절하는 한 여성의 삶을 담담하게 그려낸 이 소설은 2016년 말 출간된 지 얼마 되지 않아 예상치 못한 베스트셀러가 되었다.

동시에 이 소설은 치열한 논쟁의 대상이 되었다. 21세기 한국 여성이 처한 현실을 진단한 이 소설을 두고 사회 전반에 걸쳐 선명한 전선이 그어졌다. 소셜 미디어는 당연하게도 그 전선에 불을 지폈다. 한국에서 막강한 영향력을 행사하는 인스타그램에 이 책의 표지와 함께 셀카를 찍어 올리는 것은 일종의 선언이 되었다. 이 책은 한국에서 사회적 현상이 되고 얼마 지나지 않아 여러 언어로 번역되기 시작했다. 하지만 영미권 출판계는 더디게만 움직였다. 제이미 장의 번역으로 2020년이 되어서야 출간된《82년생 김지영》은 이제 영어권 독자들에게 이 모든 소란이 왜 일어났는지 더욱 명확하게 알려줄 것이다.

사실 관점에 따라 나는 이 책에 대한 글을 쓸 자격이 전혀 없는 사람이다. 내가 한국의 김지영처럼 오빠가 남긴 음식에 만족하는 어린 시절을 보냈나? 학교에서 남자아이들에게 괴롭힘을 당하고도 그저 참으라는 말을 들었나? 대가족이 전하는 아들을 낳으라는 압박과 아들을 낳지 못했을 때의 비난을 감수했나? 딸을 낳았을 때 내가 좋아하던 일을(상사를 위해 여자만 커피를 타는 것은 마음에 들지 않았지만) 그만두도록 강요받았나? 명절마다 시댁에 가서 며칠 내내 음식을 만들어야 했나? 버스에서 언제 튀어나올지 모르는 낯선 사람의 손이나 화장실 칸마다 숨겨져 있을지도 모르는 몰래카메라에 대한 두려움 속에서 살아왔나? 이 모든 것을 견뎌내면서도 결국은 '맘충'이라는 조롱을 받았나?

원작인《82년생 김지영》은 소설을 처음 접하는 한국어 학습자에게도 주저 없이 추천할 만큼 명료하고 직설적으로 쓰인 작품이다. 하지만 지금까지 다른 언어로 이 책을 번역한 18명의 번역가들은 제이미 장이 'mom-roach'로 번역한 한국어 '맘충' 앞에서 모두 심호흡을 해야 했을 것이다. 어린 자녀를 앞세워서 줄을 서고, 특수한 요구를 하고, 규칙을 어긴다고 딱지 붙은 전업주부 엄마들을 '공공의 골칫거리'로 낙인찍으려는 의도를 그보다 정확하게 전달하는 표현은 없다.

물론 소설 속 지영은 이러한 행동을 전혀 하지 않았다. 그럼에도 그녀는 어린 딸을 옆에 두고 아메리카노를 마시던 공원 벤치에서 옆에 서 있던 직장인들이 자신을 그 단어로 묘사하는 걸 우연히 듣게 된다. 그 경험은 그녀를 깊고 어두운 구렁텅이로 밀어넣는다. 사실 지영은 이미 다른 여성들과 연결된 채로 제3자의 삶에 대한 생각과 감정을 신랄하게 늘어놓는 중이었다. 이는 그녀의 남편에게 고통을 가져온다.

지영의 남편은 이상한 행동을 반복하는 지영을 심리치료사에게 보낸다. 심리치료사는 지영을 여기까지 오게 했던 삶에 대한 보고서를 작성한다. 조남주 작가는 작품의 처음과 끝에 설득력을 갖춘 목소리를 등장시킨다. 심리치료사의 것으로 보이는 그 목소리는 구체적인 주제에 가까이 다가간다. 만삭의 지영이 혼잡한 서울 지하철로 굴욕적인 출퇴근을 하는 장면에서 '심리치료사'의 목소리는 "주어진 권리와 혜택을 잘 챙기면 날로 먹는 사람이 되고, 날로 먹지 않으려 악착같이 일하며 비슷한 처지에 놓인 동료들을 힘들게 만드는 딜레마"(139쪽)에 대해 말한다.

때때로 이 글은 인기 있는 칼럼니스트의 매끈한 글처럼 느껴지기도 한다. 그 가상의 칼럼은 "머리만 좀 지끈거려도 쉽게 진통제를 삼키는 사람들이, 점 하나 뺄 때도 꼭 마취 연고를 바르는 사람들이, 아이를 낳는 엄마들에게는 기꺼이 다 아프고, 다 힘들고, 죽을 것 같은 공포도 다 이겨내라고 한다"(151쪽)라고 말한다. "세상에는 혹시 모성애라는 종교가 있는 게 아닐까. 모성애를 믿으십쇼. 천국이 가까이 있습니다!"(151쪽)

작가 스스로도 인정하듯, 빠르게 글을 쓰고 자신의 삶에서 많은 것을 끌어온 데뷔 작가에게 고르지 못한 문체는 어쩌면 당연한지도 모른다. 한국에서는 《82년생 김지영》의 가장 강력한 지지자조차도 이 책의 문학성을 자신감 있게 지지하는 걸 주저한다. 물론 별다른 잘못을 하지 않은 여성 주인공이 십수 년째 날마다 모욕을 겪는 고통스러운 현실을 잘 전달하기에는 마치 길 위를 터벅터벅 걷는 듯한 이 소설의 현실적인 문체가 더 효과적이라는 주장도 많다.

이 소설은 사회적 폭력을 경험한 젊은 여성을 회복시키는 장면이 아니라 심리치료사가 임신한 직원을 해고하고 남자 직원으로 대체해야겠다는 메모를 쓰는 장면으로 끝난다. 영화로 각색된 버전은 좀 더 밝은 결말을 보여준다. 결말에서 지영은 회고록 작가가 된다. 그리고 분노 어린 피아노와 현악기 연주와 함께 삽입된 독백에 이어 또 다른 '맘충' 표현을 마주하고는 그 표현을 쓴 사람들을 호되게 혼내준다.

하지만 적어도 영화에는 인용문이 없다. 나는 책의 영어 번역본에서만은 원작에 종종 등장하는 각주가 줄었으면 좋겠다고 생각했다. 조남주는 각주를 이야기에서 잠깐 벗어나거나 부수적인 정보를 보여주는 용도 정도로 사용하지 않는다. 대신 한국 인구의 성비 변화, 여성가족부의 설립 연도, 대학 등록금 인상률, 육아휴직을 사용하는 여성 비율, "영국 잡지 〈이코노미스트〉의 유리천장 지수 조사에서 한국이 꼴찌 기록" 등 사실과 수치로 구성된 비소설적 자료를 인용하는 데 활용한다. 이는 소설과 보고서 사이를 오가는 듯한 독서 경험을 선사하는 대목이다. 작가가 독자의 공감을 불러일으키는 소설 자체의 힘을 불신하고 있는지 곱씹게 되는 부분이기도 하다.

하지만 이제 막 중년에 접어든 한국 여성이 아닌 미국 백인 남성으로서 그런 말을 함부로 할 수는 없다. 한국 내에서도《82년생 김지영》은 한동안 사회정치적으로 뜨거운 감자였다. 이 책을 칭찬하면 페미니즘적 음모에 가담하는 것이 되고 비판하면 가부장제에 가담하는 것이 되었다. 어떤 사람들에게는 예술 작품으로서 이 책의 강점과 약점에 대해 논하는 것이 오랫동안 고통받아온 많은 여성들의 삶과 주인공 김지영의 삶이 비슷하다는 주장을 공격하는 일과 동일시된다. 만약 누군가 그런 주장을 한다면 그건 단순한 반박이 아니라 벽을 마주한 느낌을 주게 될 것이다. 그건 최근 서구에서 커지고 있는 '당사자로 살아본 경험'에 대한 호소가 한국에서도 유행하기 시작했다는 의미다. 이러한 경향은 서구에서 서로 다른 배경을 가진 사람들 간의 진지한 토론을 거의 불가능하게 만든다.

역설적으로 소설은 그런 이해의 간극을 메우는 효과적인 다리다. 가장 훌륭한 소설은 독자들이 아무리 이질적인 인물이라도 공감하게 만든다. 물론 《82년생 김지영》을 읽고 난 당신은 김지영과 당신 사이에 얼마만큼의 공통점이 있는지에 따라 각기 다른 공감대를 형성할 것이다. 한국에서 오랜 시간을 보낸 사람이라면 이름과 생년월일까지 똑같은 사람을 마주친 적이 있을 정도로 평범한 여성으로 설정된 김지영. 처음에 그녀는 수수께끼에 가까울 정도로 무심하고 친근하게 다가와 어느새 당신이 그녀의 냉소적인 내적 독백에 귀 기울이게 한다. "그럼 너도 계속 구역질하고, 제대로 먹지도 싸지도 못하면서, 피곤하고, 졸립고, 여기저기 아픈 상태로 지내든지."(138쪽) 임신과 그에 따른 근무시간 변경을 축하하는 동료의 말에 그녀는 속으로 이렇게 중얼거린다. 분명 일리가 있는 말이다.

몇몇 사람들은 한국 문학의 해외 진출 가능성에 기대를 걸고 영어 번역이 궁극적으로 한국 문학에 어떤 결과를 가져올지 관심을 갖는다. 그들은 《82년생 김지영》처럼 소설의 타깃 독자층에 완전히 속하는 사람들이 아님에도 그런 관심을 유지한다. 조남주는 예외적인 인물보다는 전형적인 인물을 따라간다. 그러면서 많은 한국 독자가 소설가에게 기대하는 거울 같은 기능을 수행한다.

그런 방식은 서구식의 영웅 중심 스토리텔링 문법에 익숙한 독자들에게는 덜 매력적인 경향이 있다(물론 미국의 유명 케이블 채널인 라이프타임 네트워크에서 서구식으로 리메이크한다면 더 많은 시청자를 확보할지도 모르겠다). 하지만 한국에서 출간된 지 꽤 오랜 시간이 흘렀음에도 이 책의 주제는, 데보라 스미스가 번역한 한강 작가의 《채식주의자》(억눌린 불만이 무섭도록 갑자기 터져 나오는 한국 여성의 이야기)가 2016년에 출간된 직후 그랬던 것처럼, 글로벌한 시대정신을 반영하는 광범위한 화제성을 지니고 있다.

모든 서양 비평가들이 처음부터 이 책의 매력을 확신한 것은 아니다. 특히 〈뉴욕 리뷰 오브 북스〉의 팀 파크스Tim Parks는 더욱 그랬다. 그는 "비평가들에게는 '글로벌한 창작물'에 대한 공통된 비전이 있으며, 《채식주의자》가 그러한 측면에서 칭찬받을 만한 후보로 자리 잡았다는 생각이 들었다"라고 썼다. "이 소설은 이데올로기적으로는 억압적인 사회(우리 사회보다 '더 나빠 보인다'는 것 외에는 아무것도 알지 못하는)에 맞서 개인(여성)을 옹호한다. 감정적으로는 무력한 피해자에 대한 강렬한 동정심을 느끼게 해주며, 이는 항상 우리의 자존감을 고무시킨다." 무엇보다도 "글은 접근하기 쉬워야 한다. 낯설고 이국적인 것이 결코 쉽게 읽히는 데 장애가 되어서는 안 된다." 조남주의 《82년생 김지영》은 이러한 요건을 어느 정도 충족한다. 물론 충분히 이질적이지 않을지도 모른다.

조남주는 한국의 관습과 전통을 언급한다. 하지만 이는 지영과 같은 여성들을 억압하는 방식을 보여주기 위한 것일 뿐이다. 이 책에서 한국이라는 배경에 대한 묘사는 여자아이와 여성이 처한 환경과 남자아이와 남성이 처한 환경이 다르다는 점을 보여주는 데 그친다. 남녀가 같은 일을 하지 않고, 같은 유니폼을 입지 않으며, 결혼에 대한 책임이 동일하지 않고, 같은 숫자로 시작하는 주민등록번호를 갖지 않는다는 사실 그 자체가 문제의 증거가 된다.

어떤 사람들은 인간의 조건이 인간에 의해 만들어지고 유지되기 때문에 인간에 의해 수정될 수도 있다는 생각에 동의한다. 그런 사람들에게 법은 남녀 간 내재적 차이를 중요하지 않은 것으로 취급하도록 사회를 설득함으로써 문제를 해결하는 도구로 여겨진다. 하지만 소설 속의 내레이션은 이렇게 말한다.

> "법과 제도가 가치관을 바꾸는 것일까, 가치관이 법과 제도를 견인하는 것일까."(132쪽)

흥미로운 이 질문은 《82년생 김지영》의 핵심 주제 중 하나지만 아주 깊이 있게 다뤄지지는 않는다. 좌절에 빠진 많은 한국인은 문화, 법, 생물학 사이의 역학 관계를 파악하기보다 손쉽고 간단한 해결책으로 한국을 떠나는 것을 선택한다. 어린 시절부터 '익숙한 미국, 일본, 중국 등'이 아닌 '덴마크, 스웨덴, 핀란드 등 북유럽 국가'에 가고 싶다고 말해온 지영의 솔직한 언니 은영의 마음이 바로 그것이다.

왜 그런 곳을 선택했냐는 질문에 은영은 "한국 사람이 적을 것 같아서"(73쪽)라고 답한다. 외형적으로나마 평등해 보이는 사회에서 한국인들과 떨어져 억압과 기대에서 벗어난 자유를 누리고 싶다는 생각을 한 것이다. 그런 생각을 한 한국인이 은영이 처음도 아니며, 아마 마지막도 아닐 것이다.

봉준호가 한국어로
오스카를 수락할 때

나와 비슷한 연령대의 (1990~2000년대 영화를 향유했던) 시네필들은 특정 영화를 처음 발견한 기억을 떠올릴 때마다 흥미로운 영화를 찾아 비디오 가게 진열대를 둘러보던 순간을 생각할 것이다. 좀 더 젊은 사람들은 "다른 사람이 빌려간 비디오는 볼 수 없었다고요? 영화 반납이 늦어지면 '연체료'를 내야 했다고요?"라고 믿기지 않는다는 듯 물을지도 모른다. 그와 같은 질문 앞에서 그 시대를 설명해야 한다는 사실은 내가 과도한 애정과 낭만으로 과거를 돌아보는 일을 막아줄 것이다.

우리는 포장되지 않은 VHS 테이프부터 잔뜩 긁힌 DVD까지 물리적인 매체의 가변성이라는 특성과 싸워야 했다. 그뿐만 아니라, 동네 비디오 가게에 있는 것은 무엇이든 받아들여야 했다. 물론 당시에도 일부는 가까운 대도시의 전문 대여점에 찾아가 감독, 장르, 국가 등으로 분류된 대규모 컬렉션을 통해 영화의 지평을 넓힐 수 있었다. 하지만 대부분의 사람들은 할리우드 위주의 컬렉션을 '액션/어드벤처', '드라마', '코미디', '외국 영화' 등으로 조잡하게 분류한 교외의 비디오 대여 체인점만을 이용해야 했다.

마음 같아서는 그때 우연히 한국 영화를 발견했다고 말하고 싶다. 하지만 사실 내가 대학 미디어 라이브러리에서 운명적으로 한국영화진흥위원회의 작품을 발견하기까지는 그때로부터 10년이라는 시간이 더 걸렸다. 그때까지 앞서 말한 체인점의 해외 섹션에서 주로 일본이나 홍콩 영화를 무작위로 골라 보던 내게 비디오의 두 측면은 매우 익숙한 것이었다. 그건 당시 미국 전역의 관객들을 괴롭혔던 두 가지이기도 했다.

첫 번째는 레터박스였다. 레터박스는 직사각형이던 영화의 프레임을 당시에는 정사각형이던 텔레비전 화면의 프레임에 억지로 맞추는 것이었다. 몇몇 사람들은 이미지의 일부가 실제로 '검은 막대'에 의해 가려진다고 불만을 늘어놓았다. 두 번째는 자막이었다. 자막은 외국어 영화를 영어로 더빙하지 않아도 되게 만들었다. 그건 분명 '영화를 읽고' 싶어 하지 않던 사람들에게는 당황스러운 일이었다. 하지만 21세기 초 이안 감독의 〈와호장룡〉이 자막이 입혀진 영화도 미국에서 성공할 수 있음을 증명했다. 더구나 이 성공은 도시의 '아트하우스'뿐만 아니라 익명의 멀티플렉스를 포함한 성공이었다.

최소한 이번 세기에 나는 영어로 더빙된 영화를 단 한 편도 접하지 못했다. 때문에 난 영어 자막이 성공을 거두고 있다고만 생각했다. 그래서 봉준호 감독이 골든글로브 시상식에서 최우수외국어영화상을 받은 뒤에 영화를 '읽지 않는' 미국인들을 위트 있게 짚어냈을 때 깜짝 놀랐다. 봉준호 감독은 긴장감 넘치고, 재미있고, 폭력적이고, 촘촘하게 짜인 계급 간의 갈등에 대한 이야기인 〈기생충〉으로 이 상을 수상했다.

〈기생충〉이 칸에서 황금종려상을 수상한 직후에 난 그 영화에 대해 여러 편의 글을 쓴 적이 있다. 지난 몇 년간 일본, 스웨덴, 영국, 프랑스, 튀르키예에서 수상작이 나왔기 때문에 칸의 관객들은 자막이 전혀 낯설지 않을 것이다. 봉준호 감독이 다음과 같은 조언을 했던 골든글로브의 관객들도 마찬가지일 것이다. "자막의 1인치 장벽을 뛰어넘으면 훨씬 더 많은 영화를 즐길 수 있다." 나는 한 번도 주변에 있는 미국인들의 문화적 안목을 과대평가해본 적이 없다. 궁금해졌다. 얼마나 많은 미국인이 여전히 그 장벽을 넘지 못했을까?

이후 〈기생충〉은 아카데미 국제장편영화상 수상작으로도 선정되었다. 외국어영화상이라는 원래의 이름은 이제 할리우드 역사 저편으로 사라졌다. 〈기생충〉은 이름이 바뀐 부문의 첫 수상이라는 점에서 역사적으로 큰 의미가 있다. "1927년 1월 11일, 로스앤젤레스 앰배서더 호텔에서 저녁 식사를 하던 루이스 B. 메이어는 할리우드에서 권력을 쥐고 있는 36명의 손님들에게 새로운 조직을 만들자고 제안했다."〈뉴요커〉의 영화 평론가 앤서니 레인은 이렇게 썼다. "그 명칭은 국제영화예술과학아카데미 International Academy of Motion Picture Arts and Sciences가 될 것이다. 그렇게 아카데미가 탄생한 것이다.

하지만 '국제'라는 단어는 오래가지 못했다. 그 단어는 미국 이외의 지역을 의미하는 것 같다는 점에서 사라져야만 했다."그러나 "93년 후에 이 단어가 다시 등장했고, 1956년부터 있던 아카데미 외국어영화상이 격상 또는 확대되어 국제장편영화상으로 이름이 바뀌면서 이 단어도 널리 알려졌다."앤서니 레인은 〈기생충〉이 국제장편영화상을 수상함으로써 "미국 작품과 외국 작품 사이의 벽이 허물어지고 '국제'라는 개념이 순식간에 무의미해졌다"고 덧붙인다.

〈기생충〉은 아카데미에서 작품상, 각본상, 감독상, 국제장편영화상 등 총 네 개 부문에서 수상했다. 특히 비영어권 영화로는 사상 최초로 작품상을 수상하며 영화사에 한 획을 그었다. 앤서니 레인은 "보편적인 두려움에 목소리를 내기 위해서 한국 출신 감독들은 모국어로 작업해야 한다"고 설명했다. 전작인 넷플릭스 제작 영화 〈옥자〉에서 동서양 사이의 균형을 추구했던 봉준호 감독은 완전히 한국적인 각본과 설정, 출연진으로 〈기생충〉을 만들어 영화적 고향으로 돌아왔다(그전에는 대부분 영어로 이뤄진 영화 〈설국열차〉를 연출한 바 있다). 그는 〈기생충〉을 통해 한국 영화에 대한 애정을 드러냈다. 봉준호 감독은 자신의 이번 영화를 모국어로 만들었을 뿐만 아니라 수상 소감도 모국어인 한국어로 했다.

봉준호 감독의 영어 통역사는 최근 〈버라이어티〉에 기고한 에세이에서 "번역은 신성하다"는 〈옥자〉의 대사를 인용했다. 스스로를 샤론 최라고 부르는 영화감독 지망생인 최성재는 당시 "입방아에 오른 걸작" 〈버닝〉을 홍보하던 이창동 감독의 통역사로 일주일간 일하면서 영화 통역 경력을 시작했다. 최성재는 한국에서 태어나 자라다가 어린 시절 2년을 미국에서 보냈다. 그 경험은 그녀 자신을 "미국인이라고 하기에는 너무 한국인 같으면서도 한국인이 아닌 이상한 혼종hybrid"으로 만들었다고 회상한다. 하지만 봉준호 감독의 폭넓은 행보로 영어권 국가에서도 친숙한 얼굴이 된 그녀는 자신이 '혼종'이라 부르는 그 복합적인 정체성 덕분에 언어적, 문화적 중개자로서의 역할을 잘 수행하고 있다. 그녀는 "대학에서 봉준호 감독에 대한 논문을 쓰면서 영화감독뿐만 아니라 사상가로서 그의 언어에 이미 익숙해 있던 것이 도움이 되었다"고 덧붙인다.

최성재의 경험담은 〈뉴요커〉에 실린, 언어와 문화 번역에 관한 후지이 모에코의 또 다른 글을 떠올리게 했다. 이 글은 복고풍으로 미래 일본을 그린 웨스 앤더슨의 2018년 애니메이션 〈개들의 섬Isle of Dogs〉을 주제로 하는 것이었다. 개봉 전부터 외국 문화를 '문제적'으로 다룬다는 비난이 미국인 감독에게 쏟아졌다.

하지만 일본에서 태어나고 자란 후지이는 이 문제를 다르게 바라봤다. 아니, 다르게 들었다. "링컨 광장의 로우스 극장에서 웰시코기 크기의 팝콘통을 흡입하는 미국인에게 둘러싸인 가운데 일본 캐릭터들이 자막 없이 말을 하기 시작했고 갑자기 고국의 목소리들이 들렸다."

후지이는 이 목소리들이 자막 없이 나오는 것을 "번역의 유머와 오류에 깊은 관심을 가진" 영화가 "신중하게 고려한 예술적 선택"이라고 평가했다. 미국 캐릭터가 영어로 말할 때 그 상대방인 일본 청취자는 "그 말을 이해하지만 일본어로 응답한다. 영어를 알아듣고 말할 수 있음에도 모국어로 말하기를 선택한 것이다." 이 절정의 순간에 "영화는 보편적 가독성이라는 개념을 거부하고 통역의 책임을 오로지 미국 관객에게만 지운다."

봉준호 감독 역시 최성재 같은 통역사와 함께하면서 관객들에게 언어적 노력을 요구한 것이다. 현세대의 많은 한국인과 마찬가지로 봉준호 감독은 영어를 유창하게 구사할 수 있다. 영어를 완전히 습득할 자원도 충분히 갖추고 있다. 하지만 그는 무대에 오를 때, 심지어 미국 영화계가 수여하는 최고의 영예를 허락할 때에도 한국어를 사용한다. 그는 오스카상 수상 소감을 말하며 "오늘 밤부터 내일 아침까지 술을 마실 준비가 되었다"고 고백할 때처럼 가끔씩 영어와 한국어를 섞어 구사하기도 한다. 로스앤젤레스 돌비 극장 무대에서 "우리의 위대한 마틴 스콜세이지"에게 감사의 빚을 지고 있음을 인정했던 수상 소감은 특히나 인상적이었다(여기서 '우리'는 너무나 한국적인 표현이다). 봉준호 감독이 영어로 말을 바꾼 것은 객석에서 멀지 않은 곳에 앉아 있는 스콜세이지 감독에게 선배의 모국어로 직접 말을 건네고 싶다는 의지의 표현이었다.

'선배'는 윗사람을 지칭하는 호칭으로, 봉준호 감독은 국적에 상관없이 나이 많은 영화감독을 이야기할 때면 사용하곤 한다. 봉준호 감독은 가깝게 느끼는 몇몇 사람들에 대해서는 다른 호칭을 사용하기도 한다. 예를 들어 '쿠엔틴 형님'은 나이가 조금 많은 쿠엔틴 타란티노를 부르는 호칭이었다. 수상 소감 중 "쿠엔틴 형님이 여기 있다"며 반가워한 봉준호 감독은 영어로 이렇게 외친 적도 있었다. "I Love You, 쿠엔틴!" 매년 자신의 작품을 가장 좋아하는 영화로 꼽아주었던 〈펄프 픽션〉의 쿠엔틴 타란티노 감독에 대한 애정을 드러내기 위해서였다. 스콜세이지 역시 최근 몇 년간 "위대한 국가적, 영화적 성취 중 하나"라며 봉준호 감독뿐만 아니라 한국 영화 전반을 지지해왔다.

누군가는 한국 영화로 상을 받은 한국 영화감독이 한국어로 수상 연설을 하는 것이 당연하다고 말할지도 모른다. 하지만 영화 〈옥자〉에서 한-영 이중 언어 사용자를 겨냥해 보여준 농담처럼, 봉준호 감독이 오스카 시상식 등에서 모국어를 선택한 것은 서양인뿐 아니라 한국인들에게도 중요한 메시지를 던진다. 그들은 한국어권 바깥의 관객들이 자막에 의존해 볼 때 봉준호 감독의 영화에서 어떤 뉘앙스를 놓치게 되는지 궁금해했다. 때문에 봉준호 감독의 말을 직접 통역해줄 샤론 최 통역사를 기다리며 호기심을 키울 수밖에 없었다. 번역은 원어에 대한 지식 없이는 (한국인의 표현을 빌리자면) 언어가 결코 "피부에 와닿지 않는"다는 사실을 알려준다.

 한국 사람들은 오랫동안 자국어의 '마이너'한 지위를 의심 없이 받아들이고 영어에 의존하는 산업에 막대한 돈을 쏟아부어 왔다. 그런 한국 사람들에게 미국 대중문화의 가장 핵심적인 행사에서 한국어를 부끄러워하거나 주저하지 않고 말하는 누군가의 모습을 보고 듣는 것은 얼마나 고무적인 일일까? 서구권 사람들이 영어보다 한국어를 더 존중하는 듯한 모습은 또 어떨까?
 모든 관객이 봉준호 감독의 승리를 인정하고 받아들인 것은 아니다. 한 평론가는 트위터에 "이들은 미국의 파괴자들"이라면서 "계급 전쟁의 불씨를 지피는 외국 영화에 상을 주는 할리우드 사람들"이라고 힐난하기도 했다. 사실 미국과 아무 관련이 없는 영화가 최우수작품상을 받는 것은 미국 영화계의 입장에서도 좋은 징조가 아니다. 하지만 시네필로서 나는 모든 외국 영화가 미국 영토에서 몸소 경쟁하고 있는 지금의 현실을 환영한다. 그건 여행자로서 내가 외국 항공사가 미국에 안주하는 미국 국내 항공사와 경쟁해주는 일을 환영하는 것과 마찬가지다.
 많은 미국인에게서 한 가지 안일함만 제거할 수 있다면 난 언어와 관련된 안일함을 선택할 것이다. 영화 자막을 읽지 않는 사람은 문화적으로만 스스로를 빈곤하게 만들지만 외국어 자체를 이해하려고 노력하지 않는 사람은 거의 모든 측면에서 빈곤해진다. 수상식 무대 위의 봉준호 감독은 바로 이 사실을 여러 방식으로 보여준 것이다.

한국인들의 영어 이름은
다 어디서 왔을까

스타벅스는 전 세계로 퍼져나가면서 다양한 기능과 역할을 해왔다. 특히 똑같은 모양의 '전시장'을 제공했는데, 그건 세계 어느 곳을 막론하고 공간이 균일해지는 것에 불만을 품은 사람들에게 꼬투리 잡을 거리를 마련해줬다. 사람들은 카페 산업이 활성화되어 있을 뿐만 아니라 전 세계에서 1인당 스타벅스 매장이 가장 많은 서울에서 특히 더 강하게 불만을 제기했다.

하지만 나는 스타벅스 로고에 박힌 초록색 세이렌이 시애틀에서 시작해 전 세계로 뻗어나간 일을 좀 더 긍정적으로 생각한다. 그 이유가 반드시 스타벅스가 21세기에 작가로 살아가는 사람들의 두 가지 생명줄인 커피와 안정적인 와이파이를 공급해주기 때문만은 아니다. 도시, 국가, 대륙을 막론하고 동일한 이용 경험을 제공하려는 노력 덕분에 스타벅스는 전 세계의 고객을 모두 균일하게 응대하는 가장 대표적인 장소가 되었기 때문이다.

자세히 들여다보면 한국 스타벅스의 바리스타들이 달고 있는 이름표에는 로마자 대문자로 '샐리', '라이언', '앤지' 같은 이름이 적혀 있다. 덴버나 시러큐스에서나 볼 법한 이름이라는 점에서 대한민국의 수도인 서울에서, 그것도 대부분 한국인 고객을 응대하는 한국인 직원의 가슴에 그 이름들이 붙어 있는 것은 초현실적인 일이다. 이후 이렇게 영어식 이름이 적힌 이름표를 가슴팍에 다는 정책은 본사에서 내려온 것으로 밝혀졌다. 〈코리아 타임스〉 김영진 기자는 "스타벅스 직원들은 반드시 별명을 가져야 한다"고 말했다. 스타벅스 본사 관계자는 "모든 '파트너'가 평등한 문화를 만들기 위한 것"이라고 설명했다.

이는 "장시간 노동과 경직된 상명하복으로 악명 높은" 한국의 기업 문화와 상반되는 것이다. 한국에 있는 다른 기업의 직원들은 대부분 원칙적으로 서로를 이름이 아닌 조직의 위계질서에 명확하게 위치 지워지는 직급으로 부른다. 물론 스타벅스의 사례를 따르는 한국 기업도 적지 않다. 〈워싱턴 포스트〉의 레이첼 프레맥은 "한국의 최대 인터넷 기업 중 하나인 카카오에서는 3년 전 모든 직원이 영어 닉네임을 사용하기로 결정했다"라고 썼다. 또한 "영어 교육, 관광, 무역 등 글로벌 중심 산업에 종사하는 기업들은 일반적으로 영어 닉네임 정책을 가지고 있다. 그들은 이지영과 이지연을 구분하지 못하는 외국 비즈니스 파트

너에게 불편함을 주지 않기를 바라기 때문"이라고 덧붙였다.

이 말을 들으니 미국 초등학교 시절 스페인어 수업에서 선생님이 나를 포함한 모든 학생에게 스페인어 이름을 지어주던 때가 생각난다. 하지만 나는 교실 밖에서 스스로를 카를로스라고 소개하는 것 자체가 상당히 우스꽝스럽게 느껴졌다. 그렇기 때문에 실제로 어디선가 나를 카를로스라고 소개할 생각은 전혀 없었다. 하지만 오늘날 많은 한국인은, 심지어 카카오나 스타벅스에서 근무하지 않는 사람들조차 외국인들과 교류할 때는 영어를 사용하고 영어 이름으로 자신을 소개해야 한다는 의무감을 느끼는 것 같다.

한국인의 영어 이름은 의도치 않게(한국과 외국의 문화적 관행 차이 때문에) 한국인과 외국인 사이에 오해를 낳을 수도 있다. 외국인과의 상호작용을 위해 선택된 영어 이름을 외국인에게 알려주는 상황을 상상해보자. 그 상황은 그 외국인에게 상대가 실제 이름을 알려줄 만큼 자신을 존중하지 않는다는 메시지를 보내는 것이다. 이러한 관행은 한국만이 아니라 동북아시아 전체에 유사하게 적용된다. 중국 도심에서도 영어 이름은 당연시된다. 이러한 모습은 부분적으로는 자신들의 언어가 "외국인에게 어렵다"는 전제에서 비롯된 것이다. 일본인은 대부분 영어 이름을 사용하지 않는다. 일본어 이름이 "외국인에게도 쉽다"는 인식이 있기 때문이다. 하지만 30년 전 일본을 다룬 영화를 보면 미국인들은 수많은 방법으로 일본 이름을 엉망으로 발음했다.

작은 반발도 있다. 서울에 사는 외국인들로 구성된 내 주변 커뮤니티에는 학생들의 영어 이름을 인정하지 않는 교수가 있다. 물론 그 커뮤니티 안에는 한국 여자친구에게 다혜 대신 '미아'라는 영어 이름만을 부르며 적극적으로 구애하는 미국인도 있다.

이러한 모습들은 궁극적으로 '영어 이름'이란 정확히 무엇인가라는 더 깊은 질문으로 귀결된다. 한국인들은 성경과 영어 시트콤에서만 영어 이름을 따오지 않는다. 은혜를 '그레이스Grace', 지혜를 '위즈덤Wisdom', 새봄을 '뉴 스프링New Spring'과 같은 방식으로 자신의 한국 이름이 가진 뜻을 영어로 그대로 옮기거나 한국 이름과 충분히 닮은 영어 단어를 골라 이름을 짓기도 한다. 이런 방식은 다소 엉뚱하지만 나름대로 바람직하다(프레맥은 사무실에서 '유니크Unique'로 불리는 카카오 직원 황윤익 씨와 인터뷰를 하기도 했다).

그렇다면 한국에서는 서양에서만큼 호칭이 중요하지 않다고 말해도 될까? 어쩌면 그건 그리 지나친 주장은 아닐지도 모른다. 상대적으로 한국에서 이름 호칭은 가정과 같은 몇몇의 장소에서만 사용된다. 그렇기 때문에 한국에서는 회사 상사나 친척의 이름을 제대로 알지 못한 채 몇 년을 살 수도 있다. (최근 한 할아버지가 손자에게 자신의 이름을 불러보라는, 상상할 수도 없는 행동을 하라고 했다는 이야기를 들은 적이 있다. 그 이유는 이제 그 노인에게는 이름을 불러줄 어린 시절 친구가 거의 남아 있지 않았기 때문이었다.) 한국인들은 각기 다른 사회적 맥락에서 서로 다른 호칭을 가지는 것에 익숙하다. 그런 의미에서 '브루스' 또는 '에스더'라는 이름은 '이사' 또는 '팀장'이라는 호칭과 크게 다르지 않을 수 있다.

하지만 한국인이 아닌 외국인, 특히 서구권 사람들의 경우 한국에서 사용되는 영어 이름이 여전히 불편하다. 아마도 그건 영어 사용자의 문화적 기원뿐만 아니라 해당 이름 자체와도 관련 있을 것이다. 영어 이름은 한때 특정 서양 문화에 뿌리를 두었지만 이제는 글로벌 자산으로 취급되는 또 하나의 범주에 불과해졌다. 영어 이름은 말 그대로 전 세계에 수출되고 있는 것이다. 스타벅스는 이탈리아의 전통적인 커피바를 미국화한 것으로 미국 전역, 나아가 전 세계로 퍼져나갔다. 현재 스타벅스는 미국과 서유럽의 문화가 적절히 뒤섞여 큰 매력을 지닌 것처럼 보인다. 한국에 퍼져 있는 소위 '서양'의 이미지와 딱 들어맞는다.

나는 최근 스타벅스에서 매우 흥미로운 광경을 목격했다. 한 바리스타가 '망고'라고 적힌 이름표를 달고 있었던 것이다. 물론 망고라는 단어 또한 한국어 이름은 아니다. 하지만 어쩌면 그 장면은 한국의 영어 이름이 올바른 방향으로 나아가는 한 걸음일지도 모른다.

한국식 영어 사용법

많은 외국인 학생들이 단순해 보이는 한국어의 자음모음만을 살짝 살펴보고는 한국어를 배우겠다고 마음먹는다(그때는 분명 쉬워 보였을 것이다). 그리고 머지않아 한국어를 통한 의사소통과 한국어 이해 전반에 걸친 여러 문제에 직면한다. 많은 이들이 알다시피 한국어는 놀랍도록 쉬운 문자 체계를 가지고 있다. 그럼에도 한국어를 배운 지 거의 10년이 지난 나는 대화를 하던 한국인의 웃음보를 터뜨리게 만든다. 나의 의도와는 전혀 상관없는 일이다. 대표적으로는 내 모국어인 영어에서 차용한 한국어 단어를 알아듣지 못할 때가 그렇다. 그럴 때마다 그들은 농담처럼 되묻곤 한다. "콜린 씨, 영어 잘 못하시나 봐요?" 솔직히 고백하자면 나는 38선 남쪽에서는 너무나 자주 들을 수 있는 표현이자 한국어와 영어의 신기한 혼합어인 '한국식 영어'를 잘 구사하지 못한다.

'한국식 영어'는 필리핀의 '타글리시'처럼 현지어와 영어를 오가는 것이 아니라 한국어 문법 구조에 영어 외래어를 채워 넣은 것이다. 사진기 대신 카메라camera로 사진을 찍고, 수준 대신 레벨level로 등급이 표시된 운동 클래스에 등록하고, 목록 대신 리스트list를 작성하는 등 '한국식 영어'가 기존 한국어 단어의 위치를 대체하는 것이다. 이런 단어들을 '정확한' 한국식으로 발음하는 것은 언제나 어렵다. 미국인 성인 언어 학습자의 뇌는 고집스럽게 그 단어들을 미국식으로 발음하고 싶어 한다. 이제 나는 조금 이상하게 느껴지더라도 예전 발음(그러니까 미국식)으로 그 단어들을 사용하고 사람들의 반응을 그냥 받아들인다.

그렇더라도 한국인의 독특한 '한국식 영어'에 완전히 자연스러워진 것은 아니다. 특히 카메라, 레벨, 리스트와 같은 간단한 단어들이 아닌 단어들이라면 더욱 그렇다. 그 범주의 '한국식 영어'들 중 대부분은 미국에서는 오래전부터 잘 사용되지 않다가 태평양을 건너와 한반도에서야 새로이 힘을 얻은 것들이다. 한국에도 지난 수십 년간 이어진 '영어 열풍'에 맞서 한국어를 '올바르게' 순화하려는 시도가 있었다. 하지만 1990년대부터 미국의 미디어·비즈니스·기술 분야에서 쏟아져 들어온 유행어들의 거대한 물결을 완전히 막을 수는 없었다. 그 결과 수백만 명의 한국인들은 〈딜버트Dilbert〉(1989년부터 발행된 미국의 만화)에 나오는 캐릭터처럼 올드하면서도 어색한 영어를 사용한다. 미국에서는 거의 들어본 적이 없지만 한국에서는 매일 습관처럼 사용되는 수많은 영어 단어 중 다섯 개를 골라 살펴보자.

시너지synergy. 언젠가 한국인 친구에게 내 부족한 한국어 실력에 대해 한탄을 늘어놓은 적이 있다. 한국어에는 여러 측면이 있고 내 실력은 그 측면들 사이에서 균형을 잡지 못하는 중이었다. 어느 날엔 잡지에 실을 기사는 자연스럽게 한국어로 썼지만 어떤 날은 한국어로 거의 아무런 대화도 할 수 없는 식이었다. "걱정하지 마." 그녀가 말했다. "언젠가는 그것들이 서로 시너지 효과를 낼 거야." 그녀에게서 그 단어를 듣고 나서야 나는 다른 한국인들에게서도 그 단어를 얼마나 자주 들었는지를 깨달았다.

첫 번째 '닷컴 붐' 당시, 신생 인터넷 회사가 자신들의 비현실적인 사업 계획을 메우기 위해 자주 썼던 시너지라는 애매한 개념이 한국에 여전히 널리 퍼져 있는 이유를 추측해본다. 아마 대기업의 영향력 때문이 아닐까. 삼성, 현대, 롯데 등 재벌 대기업들은 철강, 보험, 엔터테인먼트, 백화점에 이르기까지 다양한 분야의 사업을 소유하고 있다. 그리고 그중 상당수는 서로 거의 또는 전혀 관련이 없다. 하지만 재벌 체제가 한국을 선진국 반열에 올려놓았으니, 아마 그 시너지 효과가 대단했던 것 아닐까!

패러다임paradigm. 한국에서는 하루도 빠짐없이 패러다임을 바꾸겠다는 선언을 들을 수 있다. 생활, 업무부터 떡볶이와 튀김에 이르기까지 그 대상도 다양하다. 한국어에는 생활에 반드시 필요한 추상 명사가 많다. 그 명사들 중 대부분은 모호한 단어들로 여겨질지 모른다. 패러다임도 그런 단어들 중 하나다. 한국에서는 책이나 영화와 관련된 '정보'에 대해 이야기하지 않는다. 한국인들은 그것들의 '내용'(사실 의미라는 단어에 더 가깝다)이 무엇인지에 대해 추상적으로 논의한다. 또는 어떤 사람이나 사물의 '방식'에 대해 말하는 대신, 그 '모습'에 대해 추상적으로 이야기한다. 두 단어는 비슷해 보이지만 한국인들이 사용하는 미묘한 뉘앙스를 고려할 때 두 단어의 용법은 천지 차이다. 또 하나 예를 들어보자. 여유라는 추상 명사는 어떤 일을 하는 데 필요한 시간·에너지·자원, 다른 의무의 부재, 정서적 준비 상태를 말할 때 모두 사용할 수 있는 표현이다. 그런 점에서 '패러다임'이라는 효과적인 추상 표현이 애초에 한국어에서 유래하지 않았다는 사실이 놀라울 뿐이다.

네티즌netizen. 1990년대 초 연구자 마이클 하우벤은 "21세기에 오신 것을 환영한다"고 말했다. "당신은 네티즌이며, 인터넷이 가능하게 만든 글로벌 연결성 덕분에 세계 시민으로서 존재한다. 여러분은 모든 사람을 동포라고 생각해야 한다." 그가 상상하는 모두가 연결된 미래는 "지리적으로 분리된 인간이 동일한 가상 공간에 존재하는 것으로 대체"되는 것이었다. 그러나 인터넷이 인간이 생활하는 전 세계 거의 모든 곳에 보급된 오늘날에도 지리적 조건은 여전히 강력한 조건이다. 하우벤이나 당대의 테크노 낙관주의자들이 생각했던 것보다 훨씬 더.

한국 언론을 통해 확인할 수 있는 한국 네티즌들은 대부분 한국의 국내 이슈에 대해서만 강경하게 이야기한다. 이는 분명 한국이 다른 나라보다 훨씬 앞서 인터넷 인프라와 광대역 통신망을 구축한 것과 관련이 있을 것이다. 몇 년 동안 온라인과 오프라인의 장벽을 허물었던 '실명제'와도 관련이 있을 것이다. 그 원인이 무엇이든, 한국인들은 21세기 소셜 미디어(하우벤이 예견하지 못했던 현상)가 전 세계인을 온라인 뉴스 전문가로 바꾸기 훨씬 전부터 한국 시민으로서의 고민을 인터넷으로 옮겨왔다. 네티즌이 대표적인 한국식 영어이며, 그렇기에 한국인들은 한국과 관련된 것에 대해서만 온라인으로 연결된다는 걸 증명하듯이.

스펙spec. 기술이나 제조업에 종사해본 적이 없는 미국인들은 스펙이라는 단어를 한 번도 들어본 적이 없을지 모른다. 하지만 한국인들은 해당 분야에 관심이 없어도 누구든 스펙이라는 한국식 영어 단어를 안다. 모든 제품이 일정한 사양, 줄여서 '스펙'을 충족해야 하는 것과 마찬가지로 한국에서는 인간도 일정 수준의 '스펙'을 갖춰야 한다. 이러한 생각은 적어도 1960년대까지 거슬러 올라간다.

전쟁으로 폐허가 되고 가난에 허덕이던 대한민국은 국가 재건을 위해 수출 주도형 경제를 발전시킬 수밖에 없었다. 수출로 성공을 이루려면 '스펙'에 맞는 제품을 만들어야 했다. 그러나 세탁기와 화물선에는 효과가 있었던 그 단어는 대학 지원자, 구직자, 결혼 상대자에 대해 말할 때는 그리 효과적이지 않다. 한국인들은 모두 평생 스펙이 되어줄 학위, 해외 경험, 영어 실력, 성형수술 등을 위해 노력한다. 스펙을 기준으로 서로를 뛰어넘기 위해 애쓴다.

노하우know-how. 한국에서 가장 자주 사용하는 '한국식 영어' 중 일부는 오래된 영어뿐만 아니라 완전히 기발한 영어에서 유래했다. 1976년 로스앤젤레스에 관한 에세이 《Los Angeles: The Know-How City》에서 얀 모리스는 "노하우를 기억하나?"라고 물었다. "1940~50년대에 유행하던 단어였지만 지금은 다소 유행이 지났다. 이 단어는 미국 특유의 낙관주의를 반영하고 있었다. 원래는 기술과 경험을 의미하기도 했지만, 사실 미국만의 특별한 천재성, 즉 응용 논리와 시스템에 대한 천재성이 진보의 전령herald이라는 확신을 표현한 것이었다."

한국은 그 같은 믿음을 잘 지켜왔고, 학원부터 정보기술 컨설턴트, 피자집에 이르기까지 모든 사업체가 자신들만의 노하우를 내세운다. 역설적이게도 나는 미국에서는 이 말을 한 번도 들어본 적이 없다. 하지만 이 단어만큼 솜씨, 지식, 기술, 경험의 조합을 적절히 표현하는 다른 단어를 들어본 적도 없다. 지금은 내가 '노하우'라는 단어 없이 어떻게 살아왔는지 궁금할 정도다.

한국어 원칙주의자들은 때때로 '우리말'(문자 그대로 '우리말our language'을 의미하며 한국에서 '한글' 또는 '한국어'보다 훨씬 더 자주 들을 수 있다)이 이런저런 어색한 한국식 영어로 인해 훼손되는 것을 비판한다. 그들의 주장을 듣다 보면 한국식 영어 표현들은 조만간 우리말로 다시 돌아가자는 국민적 분위기에 밀려나거나 새로운 용어로 대체되어 모두 사라질 것만 같다.

하지만 모든 표현은 그 자체로 흥미로운 여정과 이야기를 담고 있다. 예를 들어 알바alba의 원래 말인 아르바이트는 일본어 '아루바이토arubaito'에서, 다시 일본어 '아루바이토'는 독일어 '아르바이트arbeit'에서 유래했다. 내가 좋아하는 또 다른 한국식 영어인 '아지트azit'는 편안한 도피처 또는 은신처를 의미한다. 그 표현은 원래 한국의 진보적 학생 운동 단체가 '선전 센터'를 뜻하는 러시아어 '아지트펑크agitpunkt'에서 가져와 쓰기 시작한 것이다.

그렇기 때문에 한국식 영어가 완전히 사라지는 것은 어떤 면에서는 분명 안타까운 일일 것이다. 물론 이미 완벽한 한국어가 있는데 영어 단어를 사용하는 것은 그리 적절한 일이 아니다. 그럼에도 앞서 살펴본 것처럼 한국식 영어에는 그것만의 또 다른 이야기, 한국식 영어 표현으로는 독자적이고 매력적인 '스토리'가 있다.

오후 7시 신촌역 북카페에
찾아온 백인 남자

나는 미국에 살았던 31년 동안 한 번도 독서 모임에 참여해보지 않았다. 낮 시간에 방영되는 유명 토크쇼 진행자 오프라 윈프리가 오랫동안 독서 코너를 진행해서일까? 미국에서는 독서 모임이 아줌마나 할머니만 참여하는 것이라는 굳건한 고정관념이 있다. 미국에 계시는 우리 어머니도 나와 통화할 때 독서 모임에서 읽고 있는 책에 대해 자주 이야기하신다.

하지만 한국에 사는 나도 이제는 독서 모임에서 읽고 있는 책을 어머니에게 이야기한다. 한국에 처음 왔을 때 유적지나 자연 경관보다 책방이 더 재미있었다. 당시 나의 한국어 실력은 짧은 한국 소설을 간신히 읽을 수 있는 정도였다. 그럼에도 나름의 특색을 지닌 책방들과 책 문화가 흥미롭게 느껴졌다. 30~40퍼센트밖에 알아듣지 못함에도 한국 책 팟캐스트도 여럿 탐닉하게 되었다. 그러다 이동진 평론가의 〈빨간책방〉 팟캐스트의 녹음이 일반인에게 공개되어 있다는 것을 알게 되었고, 이후 매주 꾸준히 보러 가기 시작했다.

당시 〈빨간책방〉의 녹음은 합정동에 있던 이동진의 북카페에서 진행됐다. 스튜디오가 보이는 층에 앉으려는 경쟁이 심했기 때문에 두세 시간 전에는 도착해 자리를 잡아야 했다. 팟캐스트 녹음이 시작되기를 기다리던 중에 카페의 직원이 내게 다가와서 말을 건넸다. 그녀는 이 층이 몇 분 안에 닫힐 거라는 사실을 어색한 영어로 전달했다. 오늘은 팟캐스트가 취소되려나? 나는 주변을 둘러보았다. 나 말고도 이동진의 입장을 기다리는 사람들이 많았다. 팟캐스트가 취소될 것 같지는 않았다.

나는 직원이 왜 나에게만 그 말을 했는지 곧 깨달았다. 그녀는 외국인인 내가 한국어로 몇 시간 동안 진행되는 책 관련 팟캐스트 녹음을 보러 왔을 가능성이 거의 없다고 여겼던 것이다. 아마 내가 한국어를 할 수 있을 가능성을 아주 낮게 생각했던 것 같다. 그러한 경험을 선입견이나 사소한 공격으로 여기는 외국인들도 있다. 하지만 나는 전혀 신경 쓰지 않았다. 사실은 요즘에도 한국에는 한국어를 잘하는 외국인이 많지 않다. 그뿐 아니라 한국 매체나 문화 행사에 관심이 있는 외국인은 더욱 드물다.

나는 가까운 외국인 친구들에게 빨간책방에 대해서 자주 이야기했다. 그들은 항상 흥미롭다는 반응이었다. 그럼에도 그들을 녹음 현장에 데려간 적은 없다. 그들 대부분은 자신의 한국어 실력이 책을 읽거나 팟캐스트를 들을 만큼은 아니라고 말했다. 그러나 나도 〈빨간책방〉 녹음에 처음 갔을 때부터 그 정도의 실력이었던 건 아니라고 말했다. 재즈와 전쟁, 사진과 영화를 포함한 다양한 주제들을 다루는 영국 작가 제프 다이어는 "지식을 가지고 책을 쓰는 것이 아니라 지식을 쌓으려고 책을 쓴다"고 말한 적이 있다. 그와 마찬가지로 나는 한글로 된 책을 읽고 한국어 팟캐스트를 들을 수 있었기 때문이 아니라 바로 그런 활동을 더 잘하고 싶었기에 주저하지 않고 그러한 활동을 시작했다.

비슷한 이유로 한국에서 사랑받고 나도 좋아하는 일본 소설가 무라카미 하루키 독서 모임에도 참여했다. 그 모임에서 1년간 한글 번역본으로 된 무라카미 하루키의 소설을 읽고 토론했다. 물론 나는 기한에 맞춰 소설을 다 읽지 못하거나 토론에서 말을 한마디도 못 한 적이 많았다. 하지만 덕분에 한국의 모임 문화에 익숙해졌다. 독특한 특징들 중 하나는 모임 때마다 자기소개를 해야 한다는 것이다. 왜 매번 자기소개가 필요할까 생각한 적도 있었지만 매번 다른 사람들이 참석할 수 있음을 고려한 것이라는 걸 금방 알 수 있었다. 나는 그런 방식으로 한국에서 사는 이유를 한국어로 거듭 설명하는 연습을 할 수 있었다.

그 독서 모임은 신촌에 있던 무라카미 하루키 테마 북카페인 피터캣에서 열렸다. 무라카미 하루키는 일본 소설가이지만 그를 테마로 하는 북카페는 한국에도 많다. 미국에는 책으로 장식된 카페들과 카페가 입점해 있는 서점들이 있지만 그런 곳들을 군이 북카페라고 부르지는 않는다. 내가 한국에서 좋아하는 북카페들도 일반적인 카페나 책방뿐만 아니라 각각의 독특한 문화 공간으로 탈바꿈한 곳들이다. 나는 지금까지도 그런 공간에서 독서 모임뿐 아니라 작가와 번역가의 강연과 영화 상영, 글쓰기 수업까지 즐기고 있다.

북카페 같은 공간에서 이뤄지는 행사의 참석자들 대부분은 여자다. 나를 제외한 모두가 여자인 날도 많았다. 〈빨간책방〉의 녹화에도 여자들이 상상 이상으로 많이 왔다. 그곳에서 처음으로 이런 사실을 알아차렸다. 이후에도 일종의 '문화 행사'에 여자만 보이는 이유가 궁금해졌다. 문학과 관련된 행사는 물론이거니와 이국적이거나 신선한 커피숍이나 식당이 생겨도 가장 먼저 방문해 경험하는 사람들은 대부분 여자다.

성별에만 주목하지 않더라도 나는 한국에 살면서 문화에 진정으로 관심을 갖는 사람들이 의외로 많다는 인상도 받았다. 어쩌면 그 인상은 문화에 대한 관심보다 문화의 힘에 대한 믿음이라 달리 표현할 수 있겠다. 책을 포함한 많은 문화적 작품을 통해 자신과 타인, 세계와 인생을 조금이라도 더 이해할 수 있다는 믿음 말이다. 여자들이 주류를 이루는 이러한 모임이나 행사, 또는 문화 관련 한국 팟캐스트나 유튜브 채널에서 가끔씩 남자들도 발견할 수 있다. 팟캐스트를 녹화 중인 이동진과 독서 모임의 장소였던 책방의 남자 주인이 그랬다. 그럼에도 나는 여전히 한국 남자들이 일을 제외하고는 대체 무엇을 하는지 의문이다.

미국이었으면 아마도 여자밖에 없는 독서 모임에 내가 있는 것이 약간 어색했을지도 모르겠다. 하지만 한국에서 내가 사람들의 이목을 끄는 건 유일한 남자라는 사실보다는 유일한 외국인이라는 사실이다. 그런 자리에서 한국인이 아닌 미국인의 관점은 이야깃거리를 풍부하게 만들어준다. 그렇기 때문에 내가 독서 모임에서 유일한 외국인인 상황에는 단점보다 장점이 많았다. 이는 외국인으로서 한국에서 살아가면서 직면하는 본질적인 진실, 외국인으로 살아가는 것이 장점이 될 수도 있다는 깨달음을 나에게 주었다.

한국에서 여러 사람들과 모이면 모두가 외국인이거나 오직 나만 외국인이고 나머지는 한국인일 경우가 많다. 그런 분리는 언어의 문제 때문인 것으로 보인다. 문제는 내가 끊임없이 불평해온 것처럼 외국인들이 한국어로 대화하기를 꺼리는 것에만 국한되지 않는다. 최근 한국에서 외국인과 한국인이 같이 일하거나 결혼하는 경우가 많아지고 있다. 하지만 그들은 일상적인 문화의 세계에서는 물과 기름처럼 섞이지 않고 둘만 있는 한 공간에 고립되어 존재하는 것 같다. 실제로 많은 외국인들이 자신이 한국말을 배웠다면 참여할 수 있었을 문화 행사의 존재 여부조차 잘 알지 못한다.

물론 모든 모임과 행사에서 한국인과 외국인의 비율이 50대 50이 되기는 힘들 것이다. 그럼에도 나는 나뿐만이 아니라 다른 외국인들도 한국 문화 행사에서 한국어를 쓰며 적극적으로 참여하고 활동하는 미래를 꿈꾼다. 그러한 꿈을 실현하기 위해 일단 첫 번째 미션을 다짐했다. 대부분이 남자인 외국인 친구들을 더욱 열심히 설득해서 독서 모임에 데려가는 것이다.

굳이 한국어가 필요 없다는
내 친구들에게

한식이 너무 매워서 외국인들이 못 먹는다고 생각하는 한국인들이 있다. 마찬가지로 한국어가 너무 어려워서 외국인들이 배울 수 없다고 생각하는 한국인들도 있을 것이다. 엄청나게 매운 한국 음식을 먹을 줄 알고 한국어도 유창하게 구사하는 외국인들이 점점 늘어나고 있지만 앞선 고정관념은 크게 달라지지 않는 것 같다. 물론 나도 한국어 공부를 한 지 벌써 15년이 넘었지만 여전히 원하는 만큼 한국어를 자유롭게 구사하지 못한다. 한국어가 다른 언어보다 훨씬 어려운 걸까? 외국인이 한국어를 배우기 어려운 이유는 과연 무엇일까?

외국인들은 한국어의 어려움에 대해 불평할 때마다 비슷한 특징을 반복해서 언급한다. 한국어의 어순이 서양 언어들과는 반대라는 점, 이와 더불어 대체 언제 어떻게 써야 하는지 애매하기만 한 조사 사용법 같은 것들이 그렇다. 내가 아는 일본 사람들은 누구를 막론하고 한국어의 받침을 어려워하기도 했다.

하지만 한국어를 공부한 처음 몇 년간 내가 겪었던 어려움은 문법이나 어휘와 같은 일부분의 문제가 아니었다. 문제는 내가 대화를 단 하나도 알아듣지 못한다는 것이었다. 로스앤젤레스에 사는 동안 한국어에 흠뻑 취해 있을 무렵, 나는 한국어 연습을 위해 한국 식당에 갔었다. 나는 한국말로 주문할 수 있었지만 주문받은 아줌마의 대답은 한마디도 이해하지 못했다.

다행히도 서울에 산 지 10년이 다 되어가는 나는 식당에서든 어디에서든 아무 문제 없이 의사소통이 가능하다. 미국에 살 때부터 다소 특이한 연습 방법을 고수했기 때문에 그 정도의 수준에 도달할 수 있었다. 그 방법이란 내가 알아듣기 어려운 표현을 발견하기 위해 매일 아침 한국말로 된 팟캐스트를 들으면서 단어를 하나하나 받아적는 것이었다. 덕분에 몇 년 뒤에 나는 한국으로 이사 와서 한국어로 생활할 수 있을 정도로 실력을 키울 수 있었다.

내가 일상에서 지켰던 또 다른 습관은 로스앤젤레스의 한인타운에서 비교적 찾기 쉬운 한국어 공부 모임에 참여하는 것이다. 거기서 얻었던 조언은 그전까지는 한 번도 들은 적이 없던 것이었는데, 그 모임의 진행자였던 한국인 동료는 내가 그동안 해왔던 한국어 공부 방법이 틀리지는 않았지만 한글로 쓰인 책을 더 많이 읽어야 한다고 조언했다. 그 이후 나는 그 조언대로 사전에서 끊임없이 단어를 찾아보면서 한국어 책을 읽기 시작했다. 동화책이 시작이었다. 그때도 지금도 언제나 로스앤젤레스에 관심을 가지고 있는 나는 한국에 처음 여행 왔을 때 광화문 교보문고에서 한국인 여행 작가가 쓴 로스앤젤레스에 대한 책을 사기도 했다. 그리고 모르는 단어와 표현에 모두 밑줄을 그으면서 책을 읽었다. 책을 처음 다 읽었을 때는 거의 모든 글자에 밑줄이 그어져 있었지만 말이다.

이러한 방법들 덕분에 나는 한국에 살고 있는 많은 외국인과는 달리 한국어로 말하는 것보다 한국어로 읽고 쓰는 것에 더 익숙하다. 물론 언어의 네 가지 영역, 즉 읽기, 쓰기, 말하기, 듣기 모두에서 한국어를 전부 유창하게 구사할 수 있는 외국인은 매우 드물 것이다. 하지만 내가 한국에 처음 왔을 때 여기에 산 지 몇 년이나 된 외국인들조차 한국어 대화가 불가능하다는 사실은 매우 충격적이었다. 그 경험 직후 나에게는 두 가지 궁금증이 생겼다.

첫째, 외국인들이 한국어를 모르면서 어떻게 한국에 살 수 있는 걸까?

둘째, 그들은 왜 한국어를 배우는 것에 관심이 없을까?

그 상황은 한국어가 너무 어렵다는 외국인의 선입견 때문이었을까? 아니면 거꾸로 외국인은 한국어를 할 수 없을 것이라는 한국인의 선입견 때문일까? 1960~70년대에 한국에 온 외국인들의 말에 따르면 당시에는 한국어가 아니면 소통할 수 없었기에 (영어에 능숙한 사람이 적었기 때문에 말 그대로 다른 방법이 없었다) 외국인들이 한국말을 꼭 배워야 했다. 하지만 2024년의 한국은 과거를 떠올릴 수도 없을 만큼 발전했을 뿐만 아니라 편리해져 외국인들이 몇 가지 한국어 표현만 알아도 오랫동안 불편 없이 살 수 있다. 누군가는 편리해진 것 아니냐고 되물을지도 모르겠다. 그러나 나는 그것이 과연 좋은 건지 나쁜 건지 아리송하기만 하다.

요즘 한국어를 모르는 대부분의 외국인들은 외국어를 주로 사용하는 직업을 갖고 여가 시간에는 다른 외국인들과 어울린다. 미국의 한인타운을 떠나지 않는 한국 사람처럼 그들도 오직 외국어만을 사용하며 살아간다. 과연 그들이 정말 한국에서 살고 있다고 말할 수 있을까? 물론 한국에서 그들은 심지어 영어 자막이 있는 한국 영화나 번역된 한국 소설도 어렵지 않게 볼 수 있다. 그럼에도 한국어를 배우지 않은 외국인에게는 거의 모든 한국 문화가 닫혀 있거나 비어 있는 영역과 다를 바 없다.

한국 문화를 다양한 세계의 언어로 번역하는 것은 당연히 가치 있는 일이다. 하지만 그런 노력이 한국어를 하나도 쓰지 않고서 한국에서 살아가는 외국인과 관련된 문제의 해결책이 될 수는 없다. 내가 직접 쌓아온 경험에 비춰볼 때 한국어가 아닌 다른 언어로 한국 문화에 접근하는 것은 너무나 간접적인 경험에 불과하기 때문이다. 극단적인 사례일지도 모르지만 시와 같은 고도로 발전한 문학 작품은 물론 수많은 대중 매체도 외국어로 그 의미를 곡해 없이 그대로 전달하기에는 한계가 있다. 실제로 한국에서 한국 라디오와 텔레비전 방송 대부분은 번역되지 않는다. 그렇기 때문에 한국어를 사용하지 못하는 외국인들은 거의 모든 매체를 접할 수 없다. 조금 과장을 보태자면 그들은 자신이 한국에 살고 있지 않는 것처럼 느낄지도 모른다.

농담 반 진담 반으로 말하자면 나는 지하철을 타고 다니면서 광고를 이해하지 못하고 싶다고 생각한 적이 있다. 그게 오히려 다행일 것이라고 생각했다. 광고뿐만 아니라 인터넷 댓글도 읽을 수 없다면 어떤 사회를 살아가든 긍정적인 인상만을 받을지도 모른다는 생각 때문이었다. 많은 사람들이 애써 외면하고 싶은 일이지만 어떤 사회에 대해 제대로 알려면 기본적으로 그 사회의 성가시거나 부정적인 면을 알아야 한다. 이런 사실을 간과하고 오로지 자신이 좋아하는 긍정적인 특징에만 집중한다면 자신에게 좋게 다가오지 않는 부정적인 것들과 자신에게 소중한 것들을 비교함으로써 감사하는 마음을 가지기 어려울 것이다. 나아가 한 사회가 필연적으로 지닐 수밖에 없는 불완전함 또한 이해할 수 없을 것이다.

미국 또한 예외가 아니다. 미국도 성가시거나 부정적인 면을 매우 많이 가지고 있다. 몇 세대 동안 미국의 정치사회적 영향과 대중문화적 영향을 받아온 한국인들은 그 사실을 이미 어느 정도 잘 알고 있다. 사실 한국뿐만 아니라 오늘날 미국의 영향에서 자유로운 나라는 없다. 미국에서 건너온 음악과 영화, 텔레비전 콘텐츠는 전 세계의 시청자와 청취자를 미국에서 제일 널리 쓰이는 언어인 영어에 무의식적으로 노출되게 만든다. 미국의 대중문화가 이런 방식으로 세계적인 영향력을 행사하면서 영어라는 언어 그 자체도 세계화되었다. 그 과정에서 영어는 점점 더 특정한 문화권에서 사용하는 언어의 특성을 벗어나 더 알아듣기 쉽고 편하게 말할 수 있는 언어로 변모했다.

알다시피 영어를 배우는 것은 말처럼 쉬운 일이 아니다. 그럼에도 정기적으로 수업을 듣고 꾸준히 연습하면 그 누구라도 어디에서든지 영어를 어느 정도는 할 수 있다. 일상생활에서 워낙 영어가 많이 사용된다는 점은 영어 학습의 용이함을 크게 늘려주었다. 그러니 한국어를 제대로 배우기 위해 한국 문화를 한국어로 경험하며 한국에서 생활하는 것은 꽤 괜찮은 선택지가 될 수 있다.

한국어를 배우기 위해 한국에 온 외국인은 또 다른 어려움과 맞닥뜨린다. 그것은 바로 외국인에게는 반드시 영어로 말해야 한다는 한국인들의 인식이다. 이런 인식은 거의 강박관념에 가깝다. 가장 흔한 예로 카페나 식당을 방문할 때면 직원들은 많은 경우 외국인들에게 영어로 인사한다. 바로 그것 때문에 한국어를 연습하지 못한다고 불평하는 외국인들이 많다. 운이 좋았는지 한국에 사는 동안 난 그런 경험을 많이 하지 못했다.

그럼에도 한국에 살면서 나는 한국어를 연습하기 위해서는 적극적인 태도를 가져야 한다는 걸 일찍이 깨달았다. 처음에는 부자연스럽고 불편할 수 있지만 그런 태도는 매우 중요하다. 내가 추천하는 또 다른 한국어 정복 전략 중 하나는 다소 웃기게 들릴지도 모르지만 최대한 열심히 공부하지 않는 것이다. 한국어와 같은 어렵고 복잡한 언어를 배울 때 너무 많이 노력하면 빨리 좌절하고 지치기 쉽다. 오히려 의식적으로 얕고 느리게 공부하는 것이 좌절과 방전을 막아줄 것이다.

내가 한국어를 덜 어렵게 만들기 위해 사용한 팁을 하나만 더 소개하려고 한다. 상식에 어긋나는 것처럼 보이지만 그 방법은 한국어와 함께 동시에 또 다른 언어도 공부하는 것이다. 지난 몇 년간 나는 그 팁에 따라 한국에서 프랑스어를 배웠다. 그리고 믿을 수 없는 결과를 얻었다. 영어 원어민은 라틴어 바탕의 프랑스어를 한국어보다 빨리 습득할 수 있지만 프랑스어에는 동사 활용법 등 한국어보다 훨씬 더 어려운 부분들이 있다.

2023년 난 그동안 배운 프랑스어를 본토에서 연습해보기 위해 프랑스를 방문했다. 파리의 카페나 빵집에서 문법 실수를 하면 직원들이 주저 없이 고쳐준다고 들은 적이 있기 때문이다. 만약 프랑스에서처럼 서울의 카페나 빵집에서도 직원들이 한국어와 관련된 문법 실수를 더 적극적으로 고쳐준다면 어떨까? 그렇다면 외국인들이 한국말을 더 잘할 수 있지 않을까?

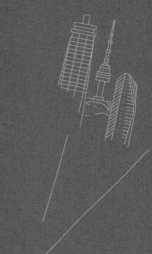

3부

이건 제가 알던
K가 아닌데요

한국기행 기본 편

로스앤젤레스에 살던 시절, 한국인 친구 한 명이 자신의 오래된 꿈에 대해 얘기하는 걸 들은 적이 있다. 그건 노스다코타(또는 사우스다코타)와 같은 미국의 텅 빈 주를 몇 시간, 심지어 며칠 동안 운전하면서 다른 어떤 사람과도 눈 한 번 마주치지 않는 것에 대한 꿈이었다. 다른 미국인들처럼 나도 장거리 자동차 여행을 즐겼고 심지어 서울로 이주하기 전에는 미국 대륙을 가로질러 운전해본 적도 있다. 하지만 그녀의 꿈은 내게 짜릿함보다는 두려움으로 다가왔다. 어디서 제대로 된 커피나 구할 수 있을까? 차가 고장 나면 어쩌지? 휴대전화 신호가 잡히기는 할까? 고장 난 차에서 완전히 구출되기까지 얼마나 걸릴까? 구조대가 찾을 수나 있으려나?

하지만 한국의 한 TV 프로그램을 보기 시작하면서 그런 꿈에 대해 이야기하던 친구가 이해되기 시작했다. 로스앤젤레스의 집에 한국 채널 전용 위성 TV를 설치하고 얼마 지나지 않아 금방 날 휘어잡은 프로그램의 제목은 EBS에서 방영하는 〈한국기행〉이었다. 인디애나주 정도 크기(노스다코타나 사우스다코타보다 훨씬 작은 크기)의 나라에서 이 프로그램은 외딴섬, 작은 농장, 어촌 마을, 시골 마을의 주민들에게 특별한 관심을 기울이며 수백 곳의 가볼 만한 장소를 찾아낸다.

한국을 여행해보면 한국이 실제보다 훨씬 크게 느껴진다. 이는 한국 인구의 절반이 서울과 수도권에 집중되어 있다는 사실과도 관련이 있다. 그런 점 때문에 서울을 벗어나면 인구밀도가 급격히 감소하고 평균 연령도 함께 상승한다. 따라서 〈한국기행〉에 등장하는 많은 출연자들의 특징은 장수, 오랜 결혼 생활, 전통의 계승, 맛있는 토속 음식, 다양한 사투리 등으로 요약된다.

한국어를 공부하던 나에게 〈한국기행〉의 매력 포인트 중 하나는 바로 자막이었다. 한국 텔레비전 프로그램은 화면에 텍스트를 꽉 채워 넣는 경향이 있다. 이 프로그램은 현지 출연자가 말하는 거의 모든 것을 자막으로 보여준다. 그 대부분은 서양인들을 위한 영어 자막이 아니라 집에서 시청하는 한국인들을 위한 한국어 자막이다. 김치 담그는 100세 할머니, 시끌벅적한 어부, 김 양식장 인부의 거친 언어를 매끄럽게 다듬은 것이다. 그들의 비표준적인 문법과 단어가 서울 사람들의 세련된 귀를 거스르지 않도록. 서울 사람들 혹은 60세 미만의 많은 한국인들은 자막이 없다면 분명히 그들의 말을 알아듣는 데 상당히 어려움을 겪을 것이다.

세대 차이를 제외하더라도 도시와 농촌의 서로 다른 언어는 한국인이 농촌을 벗어난 이후부터는 농촌에서 완전히 멀어지는 현실을 보여준다. 지난 60년 동안 한국에서는 오직 서울을 향해서만 대규모 이주가 이루어졌다. 그 사실은 도시 중심의 개발에 대한 비판적 사고가 한국에서 그리 발전하지 않았음을 시사한다. 미국과 영국에 그런 사고가 매우 만연하다는 사실과는 대조적이다. 달리 말해 한국의 모든 도시에서 비슷비슷한 타워 블록을 발견하고는 경악을 금치 못하는 서구 관광객들의 사고방식이 자리 잡지 못한 것이다.

'촌스럽다'는 단어는 말 그대로 '촌(시골) 같다'는 의미를 갖는다. 하지만 〈한국기행〉 같은 프로그램은 시골의 삶, 혹은 적어도 그 이미지가 여전히 매력적이라는 것을 보여준다. EBS는 유튜브 채널에서 1000개 이상의 〈한국기행〉 영상을 제공하고 있다. 그렇기 때문에 전 세계 어디에서든 TV 없이도 이 프로그램을 시청할 수 있다.

반드시 대대손손 나고 자란 땅으로 돌아가지 않더라도 도시에서 벗어난 곳에서 '자신만의 방식'으로 살아가는 소수의 사람들에게 많은 시청자들이 매료되었음을 알 수 있다. 승합차로 전국을 돌아다니는 젊은 가족, 양봉을 하는 삶으로 돌아간 중년 남

성, 숲속에 턴테이블과 레코드판 컬렉션을 갖춘 개인 유토피아
를 건설한 괴짜, 직장을 버리고 농촌 생활을 하는 커플 등이 그
사례다.

　최근 몇 년간 일부 미국 작가들은 헨리 데이비드 소로가 게으
르고 위선적이며 '도덕적 근시안'을 가졌다고 몰아붙여 왔다. 하
지만 한국인들은 아름다움과 행복을 찾기 위해 새로이 숲으로
눈을 돌리고 있다. 유유자적 살면서 삶의 본질을 마주하고 숲의
가르침을 배우는 삶이 그것이다. 어쩌면 죽을 때가 다 되어서야
자신이 진실되게 산 것이 아님을 깨닫기 싫어서일까? 〈한국기
행〉의 부드러운 내레이션에 따라 아름다움과 행복을 찾으려는
듯한 사람들은 꾸준히 늘어나고 있다. 이와 같거나 비슷한 충동
으로 인해 인터넷 포털 회사 다음Daum을 비롯한 기업들은 과거
한국의 대표적인 신혼여행지였던 제주도 등으로 본사를 이전하
는 '탈서울화'를 추진하기도 했다.
　유튜브의 〈한국기행〉 영상 아래에는 "부럽다", "나도 나이 들
면 이렇게 살아야지", "나도 이렇게 자유롭게 살고 싶다" 등의
댓글이 달린다. 앞서 언급한 내 친구처럼 다코타의 적막함을 동
경하는 한국인들은 친구, 가족, 직장, 동급생 등 모든 집단 구성
원들에 대한 의무감 속에서 큰 심리적 혼란스러움을 경험하고
있을 것이다.
　물론 때때로 개인적인 경험 등에 기반한 경고로 다른 사람의

열정을 멋대로 꺾어버리는 댓글도 있다. 그들은 '단순히 사는' 게 전부가 아니라고 말한다. 혹독해지는 날씨, 낯선 육체노동, 도시를 벗어난 불편한 일상을 완벽히 대비할 수 있는 사람은 아무도 없고, 애초에 귀농에도 상당한 돈과 여유가 필요하다는 것이다. 물론 나는 귀농을 할 생각이 없다. 하지만 한국 시골에서 삶을 꾸리면서 시골 방식을 배우고 싶은 서울 사람이라면 한번 도전해보라고 권하고 싶다.

〈한국기행〉이 어김없이 보여주듯, 가장 작은 마을에 가장 맛있는 음식이 있다. 프로그램이 은연중에 드러내는 질문을 입속으로 중얼거려보자. 그 맛있는 음식을 만드는 사람들은 앞으로도 얼마나 더 그곳에 남아 있을까? 나는 그들이 사라지기 전에 그곳을 방문할 수 있을까? 그러니 조금이라도 일찍 그곳에 살아봐야 하는 게(살면서 그 훌륭한 음식을 먹어봐야 하는 게) 아닐까?

한국기행 실전 편

대전은 KTX를 타면 서울에서 한 시간이면 갈 수 있는 도시다. 하지만 나는 서울에 10년 가까이 산 최근에야 처음 대전을 방문했다. 1990년대에 한동안 대전에 살았던 캐나다 친구가 그때의 기억이 남아 있는 곳들을 보여주고 싶다며 나를 초대한 것이다. 물론 도착해 확인한 결과 친구가 기억하는 극장과 술집들은 이미 상당수 사라졌고 그 자리에는 베트남이나 태국 음식점 등이 들어와 있었다. 그럼에도 나는 전혀 실망하지 않았다. 대전의 오래된 집들 사이에서 세련된 카페들을 발견했고 충청도의 대표 음식인 두부두루치기도 내 입맛에 딱 맞았다. 나는 언제나처럼 새로운 도시를 걸으며 그 도시를 자유롭게 만끽했다.

한국인들은 믿기 어려울 수도 있지만 나는 한국 지방 도시가 한 번도 지루한 적이 없었다. 미국 기차보다 빠르고 편한 KTX뿐만 아니라 무궁화호나 버스를 탈 때에도 거의 해외여행을 하는 것만큼이나 신이 났다. 외국인인 나에게 한국은 필연적으로 항상 이국적일 수밖에 없다. 미국에서 자동차를 타고 지방 도시를 여행할 때에도 나는 항상 즐거움을 느꼈다. 예를 들면 셰익스피어 축제로 잘 알려져 있지만 나에게는 내가 가장 좋아하는 만화 가게로 기억되는 애실런드를 비롯해 시골 대도시라는 역설적인 표현이 어울릴 만한 오클라호마시티, 세계적으로 유명한 66번 국도에 위치한 유령 마을 투쿰카리에서의 여행이 특히 그러했다. 마찬가지로 난 언제나 한국의 지방 도시를 방문할 때면 언제나 설레고 흥분되었다.

미국에 살았던 마지막 몇 년간 나는 앞서 언급한 EBS의 〈한국기행〉을 거의 매일 봤다. 한국어 듣기를 연습하면서 동시에 한국이라는 나라에 대해 배울 수 있다는 점에서 일석이조의 선택지였다. 하지만 아이러니하게도 여행을 위해 한국을 처음 방문했을 때에는 〈한국기행〉에 자주 등장하는 산촌과 섬 마을과 정반대의 모습을 가진 서울이나 부산과 같은 대도시에서 대부분의 시간을 보냈다. 여행을 마치고 미국으로 돌아갈 때 난 한국 전역에 위치한 사적, 명물, 관광지를 보여주는 한반도 지도를 샀다. 그 지도를 벽에 걸어두고는 나중에 한국에 살면 어느 지역을 가장 자주 가게 될지 상상해보곤 했다.

그때만 해도 몇 년 후 내가 얼마나 자주 한국의 지방 도시 강릉을 방문하게 될지 상상하지 못했다. 홍상수 감독의 영화 〈강원도의 힘〉을 재미있게 봤지만 감자를 많이 재배한다는 것 외에 강원도에 대해 특별히 아는 것은 하나도 없던 시절이었다. 그러나 내가 한국에 이사 오고 몇 년 후에 개최되었던 동계올림픽이 계기를 마련해줬다. 도시와 문화에 대해 글을 쓰는 나는 올림픽이 평창에서 개막하기 얼마 전, 평창과 가장 가까운 도시인 강릉을 외국인 독자들에게 먼저 소개할 기회를 얻었다.

난 새로 개통한 KTX 강릉선을 타고 내린 강릉에서 명주동의 골목 벽화들을 봤고 초당마을에서 순두부를 먹었고 안목해변에서 커피를 마셨다. 매우 즐거운 여행이었다. 그럼에도 기사를 제출한 후에는 강릉에 이렇게나 자주 갈 일이 없을 줄 알았다. 당연하게도 바로 그해 말 강릉 출신 여자를 만나 몇 년 후 결혼까지 하리라는 사실을 전혀 몰랐으니까.

우리는 사귀자마자 전국으로 여행을 다니기 시작했다. 다시 방문한 강릉에서 아내가 어린 시절 기억 속에 간직하고 있던 단오제를 봤다. 군산에서는 아내의 친척들을 방문하고 일제강점기에 세워진 건축물을 보고 맛있는 빵집에 들렀다. 아산에서는 온천 호텔에 머물렀고 목포에서는 홍어빵(홍어 모양에 실제로 홍어가 들어 있고 홍어 냄새도 난다)을 먹었다. 나는 한국에서든 외국에서든 낯설고 이상해 보이는 전통 요리를 한 번도 거절해본 적이 없다. 하지만 한국 지방 도시에는 전통 요리보다 더 흥미로운 것이 있었다.

도시 개발에 흥미를 가진 나는 춘천을 방문할 때 닭갈비보다 먼저 춘천지하상가를 떠올린다. 도시 아래의 또 다른 도시인 오늘날의 춘천지하상가에서는 저렴한 옷가게와 돈가스 식당뿐만 아니라 자주 고장 나는 분수대, 그 주변에 하루 종일 앉아 있는 어르신들을 볼 수 있다. 대부분의 사람들은 전성기가 지난 이런 도시 공간을 촌스럽다고 말할지도 모른다. 하지만 내게는 그 도시로의 여행이 한국의 과거로 떠나는 시간 여행처럼 느껴졌다.

비슷한 이유로 건설된 지 10년이 조금 넘었지만 대부분 비어 있는 여수세계박람회장도 인상적이었다. 모든 지방 도시와 마찬가지로 여수에는 역사적인 장소들과 새로 생긴 장소들이 섞여 있다. 도시의 진정한 매력은 과거의 발자취를 보여주는 옛 장소에서 발견할 수 있다. 그 매력을 찾아 지방 도시를 처음 방문할 때면 난 언제나 숙소와 제일 가까운 전통시장을 찾아간다. 그런 시장들 중에는 속초의 오징어순대와 같은 인기 많은 지역 특산물을 파는 시장도 있고 어느 시장에나 있는 평범하고 일상적인 물건만 파는 시장도 있다. 젊은 세대가 술집, 카페, 책방을 운영하는 전주의 남부시장과 같은 곳도 있고 오래된 가게만 즐비한 시장도 있다. 모든 시장은 그 도시의 분위기를 생생히 전달한다. 시장에 가보지 않고는 그 도시를 제대로 경험했다고 할 수 없다.

미국 지방 도시에는 한국의 전통시장 같은 곳이 없다. 생각해보면 지방 도시라는 말 자체가 영어로 번역하기 어렵다. 많은 사람들이 잘 알다시피 지방의 기본적인 사전적 의미는 '나라의 일부'다. 하지만 한국에서 지방의 의미는 사실상 '서울이 아닌 지역 모두'다. 미국에도 대도시가 몇 곳 있지만 서울과 같은 성격을 가진 대도시는 없다. 뉴욕이나 로스앤젤레스가 아무리 크고 중요해도 그것이 아닌 모든 도시를 지방 도시라 불리게 만들 정도로 미국의 중심이 될 수는 없다. 오히려 대부분의 인구가 대도시에 살지 않는다는 점에서 미국에서 뉴욕과 로스앤젤레스는 예외적인 곳으로 여겨진다. 그러나 절반 정도의 인구가 수도권에 사는 한국에서는 서울이 한국 자체를 대표하는 공간으로 여겨지기 쉽다.

난 여전히 한국의 지방 도시로 떠나는 여행을 좋아한다. 하지만 대도시의 생활에 익숙해진 지금, 서울이 아닌 작은 도시에서 살고 싶다는 로망은 많이 사라졌다. 최근에는 지방 도시로 여행하고 싶은 충동을 느낄 때마다 아직 가보지 않은 여러 서울의 동네 중 한 곳을 가보는 것으로 충동을 해소하곤 한다. 물론 그것은 본질적으로 버스나 기차를 타고 서울을 벗어나 맛과 분위기뿐만 아니라 사람들의 태도와 사투리까지 완전히 달라지는 지방 도시를 느끼는 일을 대체할 수 없다.

한국에서 짧지 않은 기간을 살아온 나에게도 여전히 지방 도시로의 여행은 마치 〈한국기행〉 속으로 들어가는 것처럼 느껴진다. 그와 동시에 나는 한국에서 미국식 자동차 여행을 해보는 것에 대한 로망을 품고 있다. 외국인인 나는 아무리 이곳에 오래 살아도 진짜 한국인이 될 수는 없을 것이다. 그럼에도 미국인인 나는 한국의 지방 도시들로 자동차 여행을 떠날 것이란 로망을 품음으로써 한 발 더 한국인이 된 것 같은 기분을 느낀다.

K-할머니의
팜므파탈

K-팝, K-드라마, K-뷰티가 수년간 국제적인 현상이 된 지금, 서양인들은 'K-그랜드마grandma'의 등장에 대비해야 한다. 그건 1970년대부터 한국에서 활동해온 유명한 베테랑 배우 윤여정에게 붙은 수식어다. 한국식 표현으로는 'K-할머니'쯤 되겠다.

윤여정은 2021년 정이삭 감독의 영화 〈미나리〉로 아카데미 여우조연상을 수상하며 미국에서도 일약 스타가 되었다. 오스카 시상식 전부터 많은 찬사를 받았던 정이삭의 영화는 1980년대 미국 아칸소주에서 농부로 살아가기 위해 고군분투하는 한국 이민자 가족의 이야기를 담고 있다. 윤여정은 아이들을 돌보기 위해 고국을 떠나온 친정엄마 역을 맡았다. 영화 초반 그녀는 미국에서 태어난 어린아이들에게 거친 말투로 말을 거는 낯선 존재로 등장한다. 하지만 결국에는 아이들이 필요로 하는 친절과

용기를 내어주는 할머니로 변모한다.

윤여정이 맡은 역할은 독창성 측면에서 상을 꼭 받을 만한 역할은 아니었다. 그럼에도 정이삭이 쓴 '반자전적' 대본과 윤여정의 연기 덕분에 〈미나리〉는 한국인과 비한국인 관객 모두에게 공감을 불러일으켰다. 윤여정의 연기를 보기 위해 〈미나리〉를 본다는 관객이 점점 늘어날 정도였다. 윤여정은 오스카상 수상 이후의 인터뷰에서 자신의 개성을 강렬히 드러냈다.

그녀는 1970년대 중반부터 1980년대 중반까지 10년간의 '은퇴' 기간 동안 미국에서 살았다. 그 덕분에 저예산 독립영화 제작의 어려움, 자신의 이름을 서양인들이 잘못 발음하는 것, 영화 제작자인 브래드 피트를 만나고 싶다는 소망에 대해 영어로 장난스럽게, 때로는 냉소적으로 이야기할 수 있었다. 아카데미상을 수상하면서 그녀는 "나의 첫 번째 감독인 김기영 감독은 정말 천재적인 감독이었다. 그와 함께 첫 영화를 만들었다. 그가 아직 살아 있다면 매우 기뻐할 것이다"라고 말했다.

정확히 반세기 전에 개봉한 그녀의 첫 번째 영화 〈화녀〉에서 23세의 윤여정은 견고한 중산층 가정을 파괴하는 팜므파탈을 연기했다. 이 영화는 김기영의 초기 작품인 1960년대 〈하녀〉와 기본적인 스토리를 공유한다. 이 영화는 이듬해 개봉한 유현목 감독의 〈오발탄〉과 함께 가장 위대한 한국 영화로 평가받고 있다. 2008년 한국영상자료원에 의해 복원된 이 영화는 이후 시네필에게 많은 사랑을 받는 '크리테리언 컬렉션'의 DVD로 출시됐다. 2020년 아카데미 시상식의 주인공인 〈기생충〉의 봉준호 감독이 말했듯이 김기영은 한국 영화에 지속적인 영향을 미치고 있다. 사후 20여 년이 지난 지금, 김기영은 가장 중요한 한국 영화감독이라는 타이틀을 거머쥘 자격이 충분하다.

영화 〈하녀〉는 자유분방한 멜로드라마다. 동시에 1960년대 한국 영화 '황금기'의 특징인 우아함을 고스란히 담고 있다. 그러나 이후 10년 동안 한국 영화 특유의 우아함은 거의 자취를 감춘다. 1970년대에는 정치적 검열에 시달리면서 텔레비전과 할리우드에 관객을 빼앗겼던 영화 제작자들이 '쿼터'를 채우기 위한 값싸고 자극적인 영화를 제작하는 데 시간을 보냈기 때문이다.

하지만 스크린 속의 섹스와 폭력을 싫어하지만은 않았던 김기영은 이런 상황을 이용해 자신만의 장르를 발전시켰다. 무속적 악몽을 그린 〈이어도〉(1977년)가 이 시기 그의 대표작일지 모르지만, 사실 당시 그의 영화적 모색을 오롯이 담은 핵심 작품은 〈하녀〉와 〈하녀〉의 리메이크작인 〈화녀〉였다. 학자 크리스 베리Chris Berry에 따르면 그 영화들은 "관객들이 그에게서 기대하던 강박을 가진 작가이자 브랜드로서 김 감독을 자리매김"하게 한 영화이기도 했다.

《Rediscovering Korean Cinema》에 실린 에세이에서 크리스 베리는 "10년 주기로 한국 사회의 변화와 부르주아 가족의 위기를 묘사할 수 있는 기회"라는, 잦은 리메이크에 대한 김기영의 설명을 인용한다. 김기영은 〈화녀〉(1971년)를 잇는 후속작 〈충녀〉(1972년)를 불과 1년 안에 내놓는다. 각 영화에서 윤여정은 명자라는 이름의 서로 다른 젊은 여성을 연기한다. 〈충녀〉의 명자는 아버지의 죽음 이후 술집 '호스티스'로 일하다가 김동식(〈화녀〉에 등장하는 가족의 가장도 같은 이름이다)의 애인이 된다. 김동식은 사업가인 아내의 우월한 경제적 지위로 인해 무력해진 남편이자 아버지다.

　동식의 경계심 많은 아내는 남편이 젊은 여성과의 관계로 활력을 되찾았다는 사실을 눈치챈다. 그럼에도 두 사람의 관계를 명시적으로 허용한다. 동식이 몸무게와 혈압 등으로 드러나는 일정한 건강 상태를 유지하는 한은 하루의 절반인 12시간 동안 명자와 함께 있어도 된다는 것이다. 하지만 이는 영화 〈하녀〉에서 이어져 내려온, 당시의 선정적인 헤드라인의 영향을 받아 영화에 도입된 그로테스크한 반전 중 하나일 뿐이다. 명자가 아기를 갖고 싶어 하자 동식의 아내는 동식에게 약을 먹이고는 합의되지 않은 정관수술을 시킨다. 이후 명자는 동식의 아내가 새로 지은 이층집으로 이사하고, 냉장고 안에서 발견한 아기를 자신의 아이로 키우기로 결심한다.

　〈충녀〉는 이런 설명만으로는 충분하지 않다. 설명을 읽기보다는 직접 봐야만 하는 영화다. 이 영화는 데이비드 린치 같은 서양 감독의 작품(물론 〈충녀〉는 린치가 장편영화로 데뷔하기 몇 년 전에 만들어졌지만)과 많은 공통점을 가진다. 한국 평론가들 사이에서도 그 둘은 꾸준히 비교 대상이 되어왔다. 특히 가장 기억에 남는 장면은 대리석처럼 알록달록한 유리 테이블 위에서 명자와 동식이 불편해 보이는 섹스를 하는 장면일 것이다. 이 장면에서 명자는 좌절한 10대 소녀에서 본격적인 팜므파탈로 변신한다. 그리고 김기영의 냉혹한 도덕주의에 익숙한 사람이라면 누구나 예상하듯이 화려하지만 암울한 결말을 맞이한다. 명자에게 살인 혹은 자살 외에는 다른 선택지가 남지 않은 이 이야기의 결말은 '한국 할머니'의 따뜻한 감성과는 거리가 멀어 보인다.

하지만 손자의 눈으로 반복해서 관찰하며 보여지는 것처럼 〈미나리〉 속 윤여정의 캐릭터도 그리 할머니 같지만은 않다. 김기영이 자신만의 장르를 만들었듯 윤여정도 자신만의 스타일을 만들어냈다. 매운맛과 깔끔한 떫은맛이 공존하는 그녀의 연기 스타일을 고추에 비유하는 말을 들은 적이 있다. 그 설명은 그녀가 지난 10년간 출연한 홍상수 감독의 작품 네 편에서 보여준 연기를 통해 잘 알 수 있다. 물론 홍상수의 영화에서 그녀가 연기한 대부분의 캐릭터는 성별과 무관한 참견쟁이라고 해도 틀린 말은 아니다(한국 영화에서 그리 드물지 않은 캐릭터다). 왠지 모르게 그녀는 그 역할 모두에 고단함과 연민을 동시에 담아낸다. 그녀가 이재용 감독의 〈죽여주는 여자〉에서 매춘부였다가 자비로운 살인자로 변신하는 노인 역할로 주연을 맡은 것도 마찬가지다.

그 역할은 1970년대 그녀가 연기했던 여성들의 정신적 후계자라고 할 수 있다.

윤여정이 대담한 작품이나 특이한 감독과의 작업에만 전념한 것은 아니다. 지난 20여 년 동안 수많은 영화와 텔레비전 작품에도 참여했다(2010년 임상수 감독의 매끄러운 리메이크작인 〈하녀〉를 포함한다). 그런 작품들이 그녀를 한국에서 스타로 만들어준 이유가 무엇이었든 간에, 〈미나리〉의 성공은 그녀를 분명 세계적인 스타로 만들었다. 그녀는 이제 한꺼번에 약 12개의 제품 광고에 출연한다. 텔레비전, 서울 버스의 광고판, 건물에 설치된 비디오 스크린 등 그녀는 거의 모든 곳에 등장한다. 미국 연예계와 달리 한국 연예계에서는 광고 출연 자체가 가장 확실한 성공의 증거다. 그런 기준에서 보면 30년 만에 그녀는 촌스럽고 진부한 영화에 출연하며 한물간 배우로 여겨지던 시절을 지나 한국에서 가장 성공한 연기자 중 한 명이 된 것이다.

물론 한국영상자료원의 유튜브 채널에 올라온 〈충녀〉의 화면은 지난 50년 동안 전 세계의 작은 영화관에서 쉼 없이 상영되었던 영화들처럼 색이 바랬다. 하지만 이 빛바랜 느낌은 영화 자체의 섬뜩함과 결합되어 깨끗하게 복원된 〈하녀〉만큼이나 풍부한 관람 경험을 선사한다. 오늘날 일부 비평가들, 심지어 한국 영화에 관심이 있는 비평가들조차도 미학적 관점뿐만 아니라 도덕적 관점에서 이 '오래된' 영화를 어떻게 바라봐야 할지 고민한다. 그들은 〈충녀〉와 같은 영화에서 움직이는 인간의 충동, 즉 동물적 본능이 전혀 시대에 뒤떨어지지 않았다는 사실을 인정하는 것을 망설인다. 김기영은 그러한 망설임을 분명히 알고 있었다. 바로 그 사실이 그를 천재 감독으로 만들었다.

나는 한국에서 맛없는 치킨을
먹은 적이 없다

"영화 때문에 오셨어요?" 프라이드통닭을 사기 위해 내 앞에 줄서 있던 한 중년 남성이 물었다. 그 질문은 내가 아니라 근처에 서 있던 네다섯 명의 가족을 향한 것이었다. 예상했던 대답이 흘러나왔다. 역시나 그들도 나처럼 영화 때문에 그곳에 온 것이었다. 이병헌 감독의 영화 〈극한직업〉은 2019년 1월 한국에서 개봉 2주 만에 1000만 관객을 돌파했다. 인구 5000만의 대한민국에서 코미디 영화로서는 놀라운 성공이었다.

영화는 길 건너편의 치킨집을 인수해 마약 조직의 본거지를 감시하는 엉뚱한 형사 팀의 이야기를 보여준다. 영화에는 전 세계 한식당에서 흔히 볼 수 있는 갈비 양념으로 조리한 이색적인 통닭이 등장한다. 일명 '왕갈비 통닭.' 왕갈비 통닭은 영화의 흥행과 함께 열풍을 일으켰다.

특히 내가 줄 서 있던 그 치킨집의 왕갈비 통닭이 열풍을 선도하고 있었다. 수원의 관광 명소 '통닭거리'에 있는 남문통닭은 통닭거리의 다른 가게들처럼 뿌리가 깊지는 않다. 2년 전 메뉴에 왕갈비 통닭을 넣었다가 잘 팔리지 않자 메뉴에서 뺐다. 그리고 우연히 〈극한직업〉이 대중들에게 통닭에 대한 호감, 혹은 최소한의 인식이라도 심어주자마자 다시 메뉴에 넣었다. 영화의 주인공들은 통닭을 튀겨본 경험이 전혀 없는 상황에서 절박한 심정으로 갈비 레시피를 사용하기 시작한다. 형사 한 명이 수원에 있는 가족의 갈빗집에서 일하며 배운 요리 지식으로 임기응변한 것이었다.

이 하이브리드 요리는 즉시 소셜 미디어에서 센세이션을 일으켰다. 그리고 대부분 현실은 어느 정도 영화를 따라가기 마련이다. 월요일 오후였지만 남문통닭 앞에는 길게 줄이 이어졌다. 가게 1층과 2층 모두에 손님들이 가득했다. 양념에 코카콜라를 넣은 탓에 통닭에서는 약간의 쇠맛이 났지만 불쾌할 정도는 아니었다. 수원까지 와서 줄 설 만한 가치는 있었다. 그럼에도 다시 찾을 것 같지는 않았다. 그 통닭집에 불만이 있는 것은 아니다. 단지 수원의 통닭거리가 아니더라도 대한민국의 어디에서나 다양한 통닭을 만날 수 있기 때문이다.

한국의 다른 닭요리와는 달리 한국어 '닭'이 아니라 외래어 '치킨chicken'이 이름에 붙은 프라이드치킨은 한국에서 단순한 음식이 아니라 삶의 방식이다. 치킨은 수많은 외국인 음식 블로거들이 앞다퉈 설명하는 음식이다. 친구, 동창, 동료 등 수많은 모임에서 거의 기계적으로(너무나 자연스럽게) 선택되는 음식이기도 하다.

프라이드치킨을 옹호하는 측과 비판하는 측 모두 자신들의 주장을 펼치기 위해 한국인의 삶에서 프라이드치킨이 차지하는 비중을 언급한다. 채식주의자를 제외한다면 대체 누가 이 맛있고 흥미로운 음식을 두고 열띠게 논쟁할 수 있을까? 프라이드치킨의 인기는 여러 명이 함께 먹을 수 있다는 점, 그것도 많은 양의 술과 함께 먹을 수 있다는 점에 상당 부분 바탕을 두고 있다.

누군가는 물을지도 모른다. 어떤 사회가 지구 반대편에서 수입한 저급한 음식에 그토록 열광하냐고 말이다. 하지만 현재 한국적인 것으로 여겨지는 많은 것들은 완전히 한국적인 것이라기보다는 외국의 것을 한국적으로 재해석한 것에 가깝다. 더군다나 한국의 프라이드치킨이 해외에서 갖는 이미지도 긍정적인 편이다. 예를 들어 한국의 유명 치킨 체인점인 교촌이 로스앤젤레스의 윌셔 대로에 미국 내 유일한 매장을 오픈한 이후 '교촌 중독자'가 된 로스앤젤레스 사람들이 계속 늘고 있다.

한국에서 프라이드치킨이 외식의 기본 메뉴로 자리 잡으면서(또는 배달 앱을 통해 배달되면서), 치킨집은 기본적인 창업 업종 중 하나가 되었다. 한동안 치킨집 창업은 대기업에서 일하다 조기 퇴직한, 말 그대로 '아저씨'들의 영역으로 여겨졌다. 하지만 최근 치킨집의 이미지는 그 이전의 커피숍과 마찬가지로 나이 든 사람들의 생계유지를 위한 사업이 아니라 젊은이들이 꿈을 실현할 수 있는 사업으로 바뀌고 있다.

커피숍이 2007년 세계적인 히트작인 드라마 〈커피프린스 1호점〉에 영감을 주었던 것처럼, 치킨집은 2019년 1월과 2월 MBN에서 방영한 드라마 〈최고의 치킨〉에 영감을 주었다. 치킨 사업에 뛰어들기 위해 직장을 그만둔 28세 남자 '최고'와, 공교롭게도 그의 예산으로 계약 가능한 유일한 공간이던 망해가는 목욕탕을 위층에서 관리하며 살아가는 25세 여자 '보아'가 주인공으로 등장한다. 보아의 할아버지가 바로 그 목욕탕의 주인이다. 그는 목욕탕을 치킨집으로 빌려주는 대신 최고에게 한 가지 조건을 내건다. 바로 자신의 손녀인 보아를 치킨집에 고용하는 것이다. 게으르기만 했던 자신의 인생이 뒤집힌 것에 분개한 보아는 적어도 처음 몇 회 동안은 최고의 치킨집을 내부에서 무너뜨리기 위해 최선을 다한다.

보아에게는 자신만의 꿈이 있다. 바로 한국에서 사랑받는 인터넷 만화, 즉 '웹툰' 작가가 되는 것이다. 그녀 또래나 그보다 어린 많은 한국인이 웹툰 작가라는 꿈을 공유하고 있을 것이다. 그건 당장 실현 가능한 꿈은 아니지만 부모 세대가 견뎌온 답답하고 전통적인 직업에서 벗어날 가장 눈에 띄는 탈출구 중 하나다.

최근 몇 년간 다양한 콘텐츠가 올라오는 웹툰 플랫폼이 등장했다. 그 과정에서 웹툰 업계에 새로 진입하는 사람들은 치열한 경쟁에 직면하게 되었고 차별화를 꾀해야만 했다. 그런 웹툰 작가의 상황은 교촌, 파파이스, KFC 등 국내 치킨 체인점들을 포함한 수많은 치킨집과 경쟁해야 하는 치킨집 창업자의 상황과 본질적으로 크게 다르지 않다.

미국의 대표적인 치킨 브랜드인 KFC는 최근 한국에서 이 익숙한 세 글자를 '코리안 프라이드치킨'으로 리브랜딩하고 샌더스 대령에게 모자를 씌우는 등 마케팅을 강화하며 인기를 얻고 있다. 하지만 여전히 일본에서만큼의 높은 인지도는 누리지 못하고 있다. 포스트모던 크로스 컬처의 기이함을 아는 사람이라면 누구나 알고 있는 것처럼, 일본인들은 1970년대 이래로 크리스마스 몇 주 전부터 KFC에서 크리스마스 저녁 세트를 주문해왔다. 그들은 미국의 오랜 전통에 동참하고 있다는 인상(한 경영진이 꿈에서 이 아이디어를 얻었다고 한다)을 일본인들에게 심어주기 위해 노력해왔다. 크리스마스이브에 미국인들은 패밀리 사이즈의 치킨 버킷을 먹지 않는다는 사실을 알게 된 일본인들은 소셜미디어에 충격을 표현하기도 한다.

다만 한국에서는 일본에서와는 다르게 어떤 이유에서인지 KFC와 크리스마스 사이의 연관성이 잘 전달되지 않는 것 같다. 아마도 좋든 나쁘든 한국이 서양에 훨씬 더 직접적인 관심을 기울이고, 그래서 훨씬 더 엄격하게 모방한다는 사실과 관련이 있을 것이다. 그렇기 때문에 〈최고의 치킨〉 1화에서 볼 수 있었던 옛날식 목욕탕이 거의 완전히 사라진 것인지도 모른다. 최고는 오래된 목욕탕을 치킨집으로 바꾸면서 독특한 판매 방식을 찾 아낸다.

한국을 방문한 다른 나라의 영화 팬들과 이야기를 나누다 보 면 그들은 한국 극장에서 할리우드 영화뿐만 아니라 한국 영화 도 상영하는 것에 놀라움을 표한다. 한국에서 역대 최고의 수익 을 올린 영화 20편 중 18편이 한국 영화라는 사실을 알게 되면 그 놀라움은 더욱 커질 것이다. 이 수치는 극장뿐만 아니라 텔레 비전, 스트리밍 서비스, 웹툰 플랫폼, 심지어 인쇄물까지 한국에 서 생산되는 방대한 양의 콘텐츠로도 증명된다. 이는 외부 관찰 자의 눈에 한국에서의 삶이 풍요로워 보이게 만든다. 하지만 마 치 인기 있는 맛만 파는 치킨집처럼 한국 콘텐츠 제작자들은 경 찰과 강도가 등장하는 액션 코미디나 재벌이 나오는 로맨스 드 라마 등 수익성이 입증된 동일한 테마만을 반복하는 경향이 있 다. 그럼에도 난 한국에서 맛없는 프라이드치킨을 먹은 적이 단 한 번도 없다. 아, 먹어본 적이 있기는 하지만 그건 KFC의 프라 이드치킨이었다.

디스코를 입은
판소리

2020년 11월 여자친구와 나는 목포를 방문했다. 그곳은 한국 남서 해안의 다소 오래된 항구 도시였다. 여행의 첫 번째 목표는 일제강점기 건축물을 구경하고 육회와 낙지가 들어간 토속 음식인 탕탕이를 맛보는 것이었다. 목포에는 서울만큼은 아니지만 스크린이 많았다. 그리고 신기하게도 도시 곳곳의 그 스크린에서는 같은 뮤직비디오가 반복 재생되고 있었다. 핫핑크색 의상을 입은 댄서들이 춤을 추면서 목포를 누비고 있는 뮤직비디오였다. 이 뮤직비디오는 한국 관광을 홍보하기 위해 제작된 것으로, 놀랍게도 공개된 지 채 1년도 지나지 않아 유튜브에서 3000만 뷰가 넘는 조회수를 기록했다. 이 같은 현상을 이끈 것은 영상미와 재미난 이미지보다도 '이날치'라는 신예 뮤지션의 음악과 퍼포먼스 자체였다.

21세기 한국의 대중문화에서는 많은 것들이 하룻밤 사이에 갑자기 유행한다(한국의 대중문화는 변덕스럽기로 또한 악명이 높다). 하지만 그중 대부분의 것들은 단단한 토대를 가지고 있었기에 인기를 얻을 수 있었다. 이날치 음악의 뿌리도 생각보다 더 깊다. 판소리라 알려진 스토리텔링 형식의 전통 음악이 시작된 17세기로 거슬러 올라가야 할 만큼.

처음 이날치 음악이 유튜브를 통해 대중화된 계기는 이것이 댄스 음악의 느낌을 준다는 것이었다. 하지만 이유를 막론하고 이날치의 등장으로 판소리는 1993년 임권택의 〈서편제〉 이후 가장 뜨거운 인기를 누리는 중이다. 〈서편제〉는 판소리의 한 형식에서 제목을 따왔고, 이날치는 판소리를 발전시킨 19세기 판소리 명창 이날치에서 이름을 따왔다. 밴드 멤버 대부분이 판소리 명창에게 직접 사사한 경험이 있음에도 이들의 음악에서는 '국악'의 엄격한 순수주의를 찾아볼 수 없다. 오히려 그들은 팝 아티스트로서 순간순간 즐길 수 있는 노래를 만든다.

그와 같은 이날치 음악의 방향은 이날치의 주역인 장영규 음악감독이 가져온 것이었다. 오랫동안 영화음악 작곡가로 활동해온 장영규는 2016년 나홍진 감독의 〈곡성〉의 음악들을 작곡하기도 했다. 〈곡성〉은 한국의 샤머니즘을 현대적 공포의 소재로 재탄생시켜서 전 세계 관객들을 불안에 떨게 한 영화였다. 또한 그는 샤머니즘 전통에서 영감을 받은 크로스 드레싱 '국악 퓨전' 록밴드 씽씽에서 베이스를 연주했다. 틈새시장처럼 보였던 이들의 활동은 전 세계적으로 큰 인기를 끌었다. 2017년 NPR의 '타이니 데스크 콘서트Tiny Desk Concert' 시리즈에서 씽씽의 공연이 큰 호응을 얻자 장영규는 씽씽의 잠재력을 깨달았다. 이듬해 그는 씽씽 드러머 이철희와 함께 판소리 기반의 뮤지컬 〈드래곤 킹〉에서 활약했다. 그 공연에서 그들은 이후 이날치에서 동료로 함께할 실력파 보컬들과 호흡을 맞췄다.

판소리 다섯 마당인 〈심청가〉, 〈흥부가〉, 〈적벽가〉, 〈춘향가〉, 〈수궁가〉 중에서 이날치의 데뷔 앨범에 제목과 가사를 제공한 것은 마지막의 〈수궁가〉다. 동물이 많이 등장하기 때문에 〈수궁가〉는 다른 판소리들에 비해 더욱 흥미진진한 서사를 담고 있다. 이날치의 노래는 1970년대 중반 서구권 국가에서 유행했던 디스코와 거기 전혀 어울리지 않는 구절들로 이뤄진다. 그 대목들은 서구권의 판소리 관객들이 '오페라적'이라는 수식어보다 더 나은 수식어를 찾을 수 없을 정도의 힘과 절제력을 보여준다. 한 명의 소리꾼과 한 명의 고수가 공연하는 정통 판소리는 최소한의 악기만 사용한다. 이날치는 일렉 기타와 같은 록 사운드 없이 리듬과 목소리로만 음악을 이끌어간다. 전통을 존중하면서도 듀얼 베이스 기반의 독특한 사운드를 만들어내는 것이다.

판소리는 한韓민족이 겪은 일종의 정신적 고통인 한恨을 예술적으로 표현한 노래다. 나는 한을 자세히 설명해달라는 외국인들의 질문에 싫증이 난 지 오래다. 오히려 나는 한을 떠올릴 때면 한국인의 또 다른 감정인 '흥'이 떠오른다. 흥은 집단적 기쁨의 자발적인 표현이라 할 수 있다. 이 개념은 이날치의 음악을 감상할 때, 그리고 그들의 음악이 어떻게 그토록 신속하게 열광적인 청취자를 확보했는지를 설명할 때 유용하다. 각국 정부가 이동과 사회적 상호작용을 심각하게 제한했던 팬데믹 시기에 인류에게는 백신만큼이나 흥을 돋워줄 주사가 필요했다.

이날치의 사운드에 맞춰서 '세상을 응원'하는 캠페인을 펼친 한국관광공사의 생각도 마찬가지였다. 2020년 여름, 한국관광공사는 서울에서 한 편, 한국의 제2의 도시 부산에서 한 편, 전통 한옥으로 유명한 중소 도시인 전주에서 한 편 등 총 세 편의 뮤직비디오를 촬영해 '필 더 리듬 오브 코리아Feel the Rhythm of Korea' 시리즈를 시작했다. 가을에 공개된 두 번째 시리즈는 목포, 안동, 강릉 등 국제적으로 덜 알려진 도시를 보여줬다. 각 영상에서는 화려한 복장의 앰비규어스 댄스컴퍼니 단원들이 각기 다른 이날치 노래에 맞춰 부산 광안리 해수욕장, 전주 한옥마을, 안동 병산서원 등 유명 관광지에서 춤추는 모습을 볼 수 있다. 이 시리즈는 강릉, 목포, 전주, 광주 등의 지역에서 직접 제작된 패러디(혹은 오마주)를 비롯해 다양한 파생 작품에 영감을 줄 정도로 인기가 높다.

그 중에서도 청와대와 삼성미술관, 동대문디자인플라자에서 촬영된 오리지널 서울 영상이 가장 큰 인기를 끌었다. 수도로서 누리는 상대적으로 높은 인지도도 한몫했을 테지만, 노래의 중독성 또한 빼놓을 수 없는 인기 요인이었다. 앰비규어스 댄스컴퍼니와 협업한 영상을 통해 많은 사람의 귀에 처음 들어온 〈범 내려온다〉가 그 예다. 이날치의 명성에 이보다 크게 기여한 작품은 없으며, 덕분에 한국관광공사뿐만 아니라 주요 대기업의 후원도 점점 늘어나고 있다. 삼성 갤럭시 Z플립 광고에서 이날치의 〈범 내려온다〉 후렴구는 "폰 내려온다"로 바뀌었다. 그 외에 이날치의 음악을 활용한 광고에는 부산 경찰청의 교통안전 홍보 영상이나 피자 브랜드 피자알볼로의 광고가 있었다.

어떤 사람들은 이런 활동들을 성공한 뮤지션과 댄서들조차 코로나 바이러스로 인해 라이브 공연을 할 수 없었던 2020년 당시 상황에 대한 슬픈 모습으로 받아들일 수도 있다(〈SBS 스페셜〉 "'조선 아이돌' 이날치 범 내려온다 흥 올라온다" 편에서 이날치와 앰비규어스 댄스컴퍼니는 사회적 거리두기 탓에 다소 흥이 나지 않고 김이 빠지는 야외 공연을 하면서도 공연 자체에 기뻐하는 모습을 보여주었다). 하지만 여러 서구권 국가의 사례와 달리 한국에서 휴대전화와 피자 광고는 몰락한 유명인들의 최후가 아니다. 거꾸로 광고에 출연했다는 사실은 그것만으로도 그들이 '성공했다'는 사실을 확실히 증명한다. 〈강남스타일〉의 주인공인 싸이조차도 인스턴트 라면, 냉동만두, 프린터 용지를 팔기 위해 시간을 투자했다. 세계적인 아이콘으로 떠오른 보이밴드 방탄소년단은 말할 것도 없다(BTS는 팬들이 연간 컬렉션으로 모을 정도로 많은 광고를 찍는다).

이날치의 이런 활발한 활동은 한국 드라마와 영화가 해외에서 상당한 성공을 거두었음에도 한국 대중문화에서 이날치의 음악만큼 해외에 통한 것은 없다는 사실을(특히나 이러한 비디오 형태로는) 입증한다.

내가 자주 "오피셜한 한국"이라고 부르는 한국 당국은 지난 몇 년간 한국 고유의 문화를 강조한 홍보가 더 효과적이라는 사실을 학습했고 이를 잘 활용해왔다. 이 책에 실은 여러 글에서도 한국관광공사가 과거 한국 관광 산업의 성장을 위해 연예인들을 활용하려 했던 무성의하고 효과적이지 않은 시도를 확인할 수 있을 것이다. 그 결과 보이그룹 엑소 멤버들은 어색한 더빙 목소리로 시청자들에게 식당에 가본 적은 있는지, 휴식은 취했는지, 잠은 잤는지 물어야만 했다.

그와 달리 이날치의 음악, 나아가 앰비규어스 댄스컴퍼니와의 협업은 심지어 코로나 바이러스로 해외여행이 쉽지 않았던 시기에 많은 한국의 사람들(한국인뿐만 아니라 한국에 갇혀 있던 외국인들까지)이 국내 여행에 매력을 느끼게 만들기까지 했다. 만약 그렇지 않았다면 내가 어떤 기회에 목포에 갈 수 있었겠는가?

벽돌과 콘크리트의 시인
김수근

2019년 '건축계의 노벨상'으로 불리는 프리츠커상은 일본의 유명 건축가인 이소자키 아라타에게 돌아갔다. 55년여의 시간 동안 로스앤젤레스 현대미술관MOCA 등 다양한 결실을 맺어온 그는 도쿄 대학교에서 건축학 박사 학위를 받으면서 본격적으로 일을 시작했다. 이소자키에게는 동시대에 활동한 한국인 동문이 있었다. 바로 한국전쟁 이후 서울대학교에서 시작한 건축 공부를 일본으로 건너가 계속 이어나갔던 김수근이었다. 프리츠커상을 수상할 만큼 오래 살지 못했지만(이소자키는 90대 후반의 나이에 프리츠커상을 수상했다) 김수근은 한국 최초의 현대 건축가 중 한 명이었다.

* 이 글은 한국문학번역원에서 진행된 강연을 바탕으로 쓰였다.

한국의 대표적인 1세대 건축가였던 그는 불과 사반세기 남짓한 기간 동안 고국과 해외에서 국가 건축물, 박물관, 주택, 예배당, 크고 많은 논란을 만든 전자상가 단지, 경기장, 심지어 지하철역까지 200개 이상의 건축물을 설계했다. 그가 설계한 건축물의 다양한 용도는 그가 건축한 양식의 다양성과 이어진다. 많은 일본 건축가와 마찬가지로 유럽의 모더니즘 양식을 중심에 두고 교육받은 그는 경력의 대부분을 현대 세계에 적합한 한국적인 건축 양식을 찾는 데 할애했다.

　많은 젊은 건축가들이 그러하듯 김수근 역시 공모전 출품작으로 처음 주목받았다. 그의 설계는 공모전에 당선되었지만, 실제 건축으로 이어지지 않았다(많은 젊은 건축가들의 처음으로 주목받은 작품이 그런 것처럼). 이 공모전은 1960년 당시 거의 신생국이었던 대한민국의 국회의사당을 건설하기 위해 열렸고, 김수근은 일본에 머물면서 자신의 작품을 출품했다. 불교 사찰에서 착안해 가로로 낮고 세로로 높은 건물을 배치한 그의 당선작은 1961년 5월 16일 박정희 대통령이 쿠데타로 정권을 잡을 때까지 착공도 하지 않은 상태였다. 그리고 이 쿠데타는 신생 대한민국의 정치적 리셋 버튼을 누른 것이나 마찬가지였다.

　"국회의사당이란 무엇인가요?" 이런 질문에 김수근은 설계 배경에 대해 이렇게 설명했다. "민의의 전당이다. 민의는 다른 말로 하면 국민에 대한 애정이다. 국민들이 애정이 묻어나는 건축물을 본다면 그들도 애정을 느낄 것이다. 동시에 품격이 있어야 한다. 품격 있는 건축물은 권위를 만들어낸다." 여기서 'affection'으로 번역되는 애정과 'dignity'로 번역되는 품격은 그의 건축 철학에서 반복적으로 등장하는 개념들이다. 박정희가 집권한 18년간의 통치 기간을 생각하면 이러한 개념이 쉽게 떠오르지 않을 수 있겠지만. 그럼에도 김수근은 독재자와 그의 개발주의 정권에게 호감을 얻었다.

김수근은 1960년에 귀국했다. 그리고 자유센터의 설계를 맡게 된다. 박정희가 집권한 지 얼마 지나지 않은 시기였고 서울 한복판 남산 기슭에 세워질 상징적인 건물이었다. 그는 이념적 경의를 표하는 동시에 서구 건축 양식을 무비판적으로 수입하던 관행에서 탈피하겠다고 선언했다. 당시 그의 나이는 30대 초반이었다. 대부분의 건축가들이 단독주택을 짓는 것만으로도 행운이라 여기는 나이였다.

자유센터가 얼마나 서구 건축 양식에서 벗어났는지는 아직도 논란거리다. 특히 자유센터의 건축에 국내 최초로 사용된 노출 콘크리트 등의 기법이 르코르뷔지에와 같은 유럽 모더니스트의 작품에 많은 빚을 지고 있다는 점을 고려하면 더욱 그렇다. 하지만 김수근은 자유센터를 단순히 거대하고 위압적인 각진 형태가 아니라 단순하고 크고 위압적임에도 곡선 형태를 가진 한국 전통 지붕의 형태로 설계했다. 한국의 전통 양말인 버선의 형태도 참고했다. 자유센터는 박정희 전 대통령의 권위주의, 군국주의, 반공주의의 상징인 건축물이다. 이제는 그 앞에서 더 이상 이념적 울림을 느끼지 못하는 한국인들도 많다. 그럼에도 21세기에도 웨딩홀 등으로 계속 사용될 만큼 미학적으로 매력적인 건물이다. 1963년 처음 문을 열었을 때 자유센터는 당시 한국에서 상상할 수 없었던 여러 편의 시설을 갖추고 있었다.

같은 해, 김수근은 서울 동쪽의 워커힐(한국전쟁 당시 사망한 영웅 월튼 워커 미 육군 장군의 이름을 딴 건물)에 힐탑바를 설계함으로써 이곳을 더욱 상징적인 건물로 만들었다. 힐탑바는 워커 장군에게 경의를 표하기 위해 특정 각도에서 보면 거대한 W 모양을 발견할 수 있도록 설계되었다. 김수근의 그 특이한 건축물은 여전히 워커힐에 남아 있다. 1960년대에 건축학적으로 유행했던 콘크리트 표면을 모두 깎아내는 리노베이션을 거쳤고, 힐탑바가 사라진 후 피자힐 등의 가게가 새로 들어섰음에도 여전히 본질적으로는 동일한 모습을 유지하고 있다.

20세기 중반 고층 건물은 현대성을 의미했다. 따라서 서양뿐만 아니라 동양에서도 20세기 중반의 도시 개발은 고층 건물과 동의어였다. 그러나 김수근은 건축이라는 영역에서 여러 역할을 수행하면서도 고층 건물 중심의 작업을 거의 하지 않았다. 당시 건축의 역할이 빠르게 발전하는 국가의 현대성을 필사적으로 드러내는 것이었음에도 그랬다.

하지만 자유센터를 방문하는 투숙객을 위해 처음 지어진 타워호텔은 예외였다. 타워호텔은 한국전쟁에 참전한 17개국을 상징하는 17층으로 지어진, 당시 한국에서 가장 높은 건물이었다. 지금은 타워호텔이 아닌 다른 호텔로 사용 중이지만, 여전히 서울 시내에서 눈에 띄는 건물 중 하나다.

1960년대 초 김수근은 당시 한국의 유명 인사들에게 요구되던 민족주의적, 친미적 감성 둘 다를 자신의 작품에 완벽하게 구현하는 것 같았다. 하지만 1967년 부여에 국립부여박물관을 개관하면서 그에게 의문을 제기하는 사람들이 생겨났다. 언론과 다른 건축가들은 일본의 이세신궁을 연상시키는 그의 디자인이 지나치게 일본적이라고 비난했다. 당시 그런 비난은 일본에서 교육을 받았을 뿐 아니라 일본 여성과 결혼까지 한 한국인 건축가의 경력을 끝장낼 수 있을 만한 것이었다. 이에 대해 김수근은 "한국의 전통 건축은 나의 정신적 토대"라면서 자신의 작품은 "한국의 전통 건축에서 영향을 받은 것"이라고 주장했다.

하지만 김수근이 이 말을 건축으로 증명하는 데는 몇 년이 더 걸렸다. 그런 비난을 받던 당시 그는 대규모 상업 및 주거 단지인 세운상가를 건설 중이었다. 마치 콘크리트 전함이 서울 도심을 가로지르는 듯한 건물이었다. 세운상가는 전쟁 당시 전투기 폭격에 대비한 공터로 사용되다가 이후 슬럼가가 형성된 개간지 위에 세워졌다. '불도저'라는 별명을 가진 김현옥 당시 서울 시장의 개발 철학을 잘 보여주는 사례였다. 애초 김수근이 '도시 속의 도시'로 처음 구상한 세운상가의 설계에는 광활한 유리 아틀리에와 모든 건물을 연결하는 교통 시스템 등이 포함되어 있었다. 하지만 그러한 설계 요소들은 예산 문제로 인해 착공 전에 모두 없던 일이 되었다.

이런 타협을 거치며 김수근은 결국 세운상가와 결별했다. 이후 세운상가는 수십 년간 불법 성인물과 각종 해적판 출간물을 판매하는 장소로 악명을 떨치며 심각하게 황폐해졌다. 2000년 대에는 거의 철거 직전까지 갔다가 가장 북쪽에 있는 건물만 철거되고 나머지 건물은 보존되었다. 이후 '메이커시티 세운'이라는 브랜드로 새롭게 단장하고 저층부에는 수백 개의 기존 전자제품 매장 외에 바, 레스토랑, 서점, 갤러리 등 젊은 세대의 기술적 관심사와 기성세대(이 단지의 오랜 입주자 집단으로 잘 대표된다)의 산업적 노하우를 결합한 공간, 고층부에는 인스타그램에 올릴 만한 루프탑 등이 자리 잡았다.

'메이커시티 세운'은 김수근의 원래 비전과 매우 가깝다. 또한 박원순 전 서울시장의 비전과도 이어졌다. 그의 비전은 대규모 철거와 건설의 반복, 즉 불도저(2000년대 초 이명박 전 대통령의 시장 임기 시절 별명이기도 하다) 프로젝트에서 벗어나는 것이었다. 박원순 전 시장의 서울에 대한 비전은 '거대 건축물megastructure'을 새로 짓지 않는 것이었다. '거대 건축물'은 1960년대 중반 세운상가를 설계할 당시 건축계에서 유행했던 용어다.

일본의 건축가이자 또 다른 프리츠커상 수상자인 마키 후미히코는 몇 년 전 '거대 건축물'을, 여러 기능과 도시 환경을 수용하는 거대한 형태, 도시 전체를 포함하는 상호 연결된 구조 또는는 그 구조들의 연속으로 정의했다. 세운상가에 실망했음에도 김수근은 '도시 속의 도시'라는 모더니즘 지향에 대한 관심을 이후 몇 년 동안 꾸준히 이어갔다. 1971년 그의 건축사무실은 파리의 퐁피두센터를 위해 훨씬 더 확장한 거대 구조물의 설계안을 제출했다. 하지만 결국 퐁피두센터는 세운상가와는 정반대의 미학을 따르는 진정한 '도시 속의 도시'다운 구조물로 건설된다.

김수근은 1970년대 초 이후부터는 '거대 건축물'로 상징되는 미학과도 거리를 두었다. 그러한 움직임은 그가 설립한 건축사무소인 '공간' 사옥의 설계에서 가장 두드러지게 드러난다. '공간'이라는 이름에는 김수근의 핵심적인 건축 사상이 반영되어 있다. "건축은 구조물이 아니라 공간에 관한 것이다." 그의 제자이자 한때 서울시 건축가였던 승효상의 말처럼 말이다. 그는 또 이렇게도 말했다. "건물의 외관은 내부 공간을 가리는 것에 불과하며, 가장 중요한 것은 내부 공간이다." 국립부여박물관의 실패 이후 김수근이 한국적 뿌리로 돌아가겠다는 약속을 지킬 수 있었던 것도 바로 그 공간 사옥 덕분이었다. 그는 당시에는 생소한 건축 자재였던 벽돌, 즉 일제강점기 이전 조선시대의 궁궐이나 제례용 건축물에 사용되던 구운 흙 블록인 전돌을 떠올리게 하는 벽돌을 사용했다.

김수근은 북촌에서 공간 사옥을 지을 부지를 찾았다. 북촌은 지금도 전통 한옥이 밀집해 있는 곳으로 유명하다. 1970년대에는 지금보다 훨씬 더 많은 한옥이 있었다. 1943년 북한 청진에서 막 이주했을 무렵의 김수근이 가족과 함께 청소년기를 보낸 곳이기도 했다. 건축 평론가라면 북촌의 구불구불하고 좁은 골목과 유기적으로 층층이 쌓인 한옥의 내부 공간 사이에 평행선을 그리고 싶은 유혹을 느낄 것이다(물론 '평행'이라는 표현이 기하학적으로는 적절하지 않더라도). "좋은 길은 좁을수록 좋고, 나쁜 길은 넓을수록 좋다"라는 지금도 자주 인용되는 말은 좁은 길로 이뤄진 북촌을 염두에 둔 말일지도 모른다(테헤란로와 같은 쾌적하고 넓은 강남 대로변을 걸어본 사람이라면 그 경구에 의문을 품을 수도 있겠지만).

김수근은 22개 층이 비교적 낮은 높이로 들어선 공간 사옥을 "경계가 있지만 무한한 공간"이라고 표현했다. 1997년 장세양 전 공간 대표가 한옥 별채를 새로 짓고 유리를 얹는 등 여러 차례 증축을 거친 후에도 이 건물의 기본 구조는 거의 그대로 남아 있다. 하지만 2012년 공간건축이 파산하면서 공간 사옥은 아라리오 뮤지엄에 인수되었다.

이런 상황에도 1966년 김수근이 〈월간 공간〉으로 창간한 〈SPACE〉는 현재까지도 국문과 영문으로 발행되고 있으며, 건축 외적인 영역에서 김수근의 가장 지속적이고 뛰어난 업적 중 하나로 꼽히고 있다. 1977년 예술과 문화에 대한 열정 덕분에 김수근은 〈타임〉지로부터 '서울의 로렌조 디 메디치'라는 별명을 얻기도 했다. 이 별명은 수십 년 동안 김수근의 이미지를 단단하게 만들어왔다. 한 기사의 헤드라인은 그를 "서울의 흔들리는Swinging 로렌조"라고 더 재미있고 정확하게 묘사했다. 그리고 그 표현이 암시하는 것처럼 김수근은 재정적인 면에서 오랜 기간 불안정을 겪어야 했다. 공간 사옥을 짓기 시작할 때의 일화는 돈 문제에 대한 그의 태도를 잘 보여준다. "은행 빚이 너무 많아서 집과 사옥 부지가 여러 번 경매에 부쳐졌을 정도예요. 그럼에도 저는 그 땅에 지금의 건물을 짓기 시작했습니다. 돈은 빌릴 수 있어도 시간은 빌릴 수도 갚을 수도 없다는 생각으로 그냥 짓기만 했죠." 이 이야기는 박정희 전 대통령이 국가 파탄을 가져올 것이라는 경제학자들의 반대에도 전국에 고속도로를 건설하고 서울에 지하철을 깔라고 지시한 일화를 떠올리게 한다.

예컨대 1977년 서울종합운동장을 설계할 때도 마찬가지였을 것이다. 김수근은 서울종합운동장도 자유센터를 지을 때처럼 곡선을 활용해 한국의 전통을 환기했다. 서울종합운동장의 경우에는 조선시대 도자기에서 아이디어를 가져왔다. 서울종합운동장은 1986년에는 아시안게임, 2년 후인 1988년에는 서울 하계올림픽의 주요 경기장으로 사용되었다. 또한 수십 년 동안 마이클 잭슨, 엘턴 존, 메탈리카, 폴 매카트니 등 서양 유명 아티스트의 콘서트는 물론, 최근에는 해외에서 한국을 가장 효과적으로 홍보하고 있는 한국의 보이밴드 방탄소년단의 콘서트가 열리기도 했다.

"건축은 빛과 벽돌이 짓는 시"라는 김수근의 말은 서울에서 가장 사랑받는 몇몇 건물들에 대한 그의 접근 방식을 요약해서 보여준다. 그는 1970년대 말과 1980년대 초에 벽돌로 그 건물들을 지었다. 현재 아르코미술관, 아르코예술극장, 샘터 사옥 등 여러 건물이 함께 자리하고 있는 대학로 일대는 "살아 있는 김수근 갤러리"라는 명성을 얻고 있다. 이 밖에도 김수근은 비슷한 재료로 외관을 디자인한 여러 종교 건물(밤마다 서울의 스카이라인을 수놓는 붉은 네온 십자가를 가지고 있지 않은 종교 건물)을 설계했다. 대표적인 건물들로는 양덕동성당과 경동교회 등이 있다. 그는 경동교회를 건축할 때는 기도하는 두 손을 형상화했는데, 1층은 인간과 인간의 만남, 2층은 인간과 신의 만남, 3층은 인간과 자연의 만남으로 구성했다.

어쩌면 김수근의 가장 유명한 작품은 3호선 경복궁역일지도 모른다. 경복궁역은 1986년 한국건축가협회상을 수상했다. 김수근이 55세의 나이로 세상을 떠난 해였다. 55세라면 대부분의 건축가들이 이제 막 걸음마를 떼는 시기다. 한국의 세계적인 비디오 아티스트이자 김수근과 동시대 인물이었던 백남준은 "보통 사람이 70년 동안 한 사람 몫의 작품도 완성하기 어려운 반면, 김수근은 55년 동안 네 사람 몫의 작품을 완성했다"고 말했다. 김수근은 한국의 건축가, 모더니스트, 전통주의자, 신동, 국가 건설자, 출판인, 문화 홍보대사, 그리고 어떤 의미에서는 일본 건축의 '번역가'라는 수많은 정체성을 가지고 있다. 그런 정체성으로 거의 네 명 몫의 작품을 완성했다.

한국 건축에 관심이 있는 사람이라면 이소자키 아라타의 프리츠커상 수상 소식을 들었을 때 김수근을 떠올렸을 것이다. 두 사람 모두 1931년에 태어나 도쿄 대학교에서 공부했을 뿐만 아니라 거의 유사한 건축 스타일로 커리어를 시작했기 때문이다. 1960년대 이소자키가 고향인 오이타에 지은 현립도서관과 김수근의 초기 콘크리트 건물을 비교해보면 알 수 있다. 두 사람 모두 일찍이 프랭크 로이드 라이트(그가 설계한 도쿄의 임페리얼 호텔이 결국 철거되었음에도 일본이 감사를 표하고 높이 평가한 건축가)가 표방한 공간에 대한 아이디어를 받아들여 자신의 것으로 만들었다.

　하지만 요절하면서 사라져버린 수십 년의 시간이 그의 전성기였을지도 모른다. 그 시간 동안 김수근은 무엇을 할 수 있었을까? 근대 건축에 문외한인 한국인들도 기뻐할 만한 한국인 최초의 프리츠커상 수상자가 될 수 있었을까? 김수근이 사망한 해에 완공된 이소자키의 로스앤젤레스 MOCA는 또 다른 질문을 던져준다. 과연 김수근이라면 로스앤젤레스에 무엇을 지었을까?

시간을 달리는
한국산 차

나는 1965년에 선교사로 한국에 들어온 미국인의 인터뷰를 본 적이 있다. 그는 1960년대 한국의 빈곤을 묘사한 후 자신이 새롭게 경험한 21세기 한국의 부유하고 풍성한 모습에 놀라워했다. 그는 가장 먼저 서울 강남에서 흔히 보는 고급 외제차를 오늘날 서울의 믿기 어려운 광경으로 꼽았다. 그는 그 외제차가 페라리인지 람보르기니인지 마세라티인지는 잘 모르겠지만 확실히 이탈리아 자동차처럼 보였다고 말했다. 누구라도 독일 차나 일본 차나 이탈리아 차가 서울의 도로를 달리는 모습을 쉽게 상상할 수 있을 것이다. 그렇다면 당연한 질문처럼 보일 수도 있겠지만 한국 차는 어떤 모습으로 그 도로를 달리고 있을까?

나는 많은 이유로 한국을 좋아한다. 하지만 아쉽게도 한국 차는 그 이유에 없다. 대부분의 미국 도시들과 비교해보면 서울의 도로는 분명 흥미롭다. 하지만 그 도로 위에서 만나는 한국의 자동차들은 자꾸만 그러한 흥미를 반감시킨다.

날 그렇게 만드는 첫 번째 특징은 자동차의 색깔이다. 출퇴근길 서울의 도로를 쓱 훑어보면 알 수 있듯이 한국에 있는 대부분의 차는 검은색이나 회색, 아니면 흰색이다. 제주도에 처음 방문했을 때를 아직도 기억한다. 그날 나는 흰색 렌터카를 빌렸고, 선착장에서 출발해 한 빌딩의 주차장에 들어갔다. 그곳에는 내가 타고 있던 차를 포함해 오직 흰색의 차밖에 없었다. 약간은 으스스해지는 광경이었다.

서울의 도로 옆을 걷다 보면 가끔 파란색과 같은 독특한 색의 차도 보지만 확실히 눈에 띄는 색의 차는 발견하기 힘들다. 요란한 색의 차만큼이나 서울에서 보기 힘든 것은 연식이 10년 넘은 것들이다. 최근 새로 살 집을 보러 다닐 때 부동산 중개인이 나를 1995년식 현대 미니밴에 태워 데리고 다닌 것이 매우 신기한 경험일 정도였다. 그래서 난 길에서 현대 포니와 같은 오래된 한국 차를 마주칠 때마다 마치 멸종 위기에 처한 이국적인 동물을 발견한 것처럼 흥분해서 모두 사진을 찍어둔다.

내가 그렇게 하도록 만드는 동기는 미적인 관심보다는 역사적인 관심과 관련이 있다. 요즘은 보기가 힘들어진 기아의 프라이드를 볼 때면 1980년대의 강릉에서 태어난 여자친구의 이야기가 떠오른다. 그 당시 여자친구의 아버지는 동네에서 가장 먼저 빨간색 프라이드를 샀고, 동네 이웃들은 그 차에 한 번씩 타보기 위해 길게 줄을 섰다고 했다. 차는 그렇게 누군가의 역사를 품고 있다.

　미국 도로에서는 다양한 색과 연식과 스타일의 자동차가 한데 섞인 채 달린다. 그래서인지 도로 자체가 커다란 자동차 박물관을 연상시킨다. 아마 그 박물관을 보고 자랐기에 난 어릴 때부터 옛날 차에 집착하게 되지 않았을까? 많은 미국 청소년이 그런 것처럼 말이다. 내가 그 나이였을 때 가장 내 마음에 들었던 차는 폰티악 트랜스 앰이나 〈백 투 더 퓨처〉에 등장한 드로리안과 같은 1980년대 모델들이었다. 1990년대 말인 그 당시 한국 차에 대한 유일한 기억은 대우차를 미국 소비자에게 소개하며 오직 저렴함만 강조하던 텔레비전 광고다. 그런 지루한 광고에도 이후 한국 자동차 산업은 미국을 포함해서 전 세계에서 훌륭한 성공을 거둬왔다.

　우리 아버지도 평생 차를 좋아했다. 아버지는 은퇴 이후 오랜 시간의 조사와 고민을 한 끝에 SUV 차량인 기아 쏘렌토를 사기로 했다. 그 차의 이름을 지을 때 아버지는 내게 한국말로 'new car'를 어떻게 말하느냐고 거듭 물어봤다. 그리고 얼마 지나지 않아 아버지는 캘리포니아주에서 노스캐롤라이나주로 이사를 갔는데, 나는 그 이후로 몇 주 동안 '새 차'라는 정확한 한국 발음의 이름으로 불리는 쏘렌토를 타고 미국 대륙을 횡단했다.

　그 당시는 나도 서울로의 이사를 생각하고 있던 시기였다. 난 몇 주 동안 노스캐롤라이나주에 펼쳐진 다양한 풍경들을 쏘렌토의 창문 너머로 바라보면서 김영하 작가가 소설을 읽어주는 팟캐스트 에피소드들을 연달아 들었다. 그 자동차 여행은 어떻게 보면 모국과 이별하고 한국에 인사하는 운명적 의식이었던 셈이었다. 아버지의 쏘렌토로 매일매일 몇백 킬로미터를 운전하는 것은 예상보다 편안했다.

운전하는 내내 나는 내가 한국 문화를 어떻게 처음 접했는지 기억하려고 애썼다. 아직 한류라는 단어도 생기기 전이었다. 그 무렵 미국에서 한국을 경험하는 제일 쉬운 길은 바로 한식을 먹는 것이었다. 트랜스 앰과 드로리안을 꿈꾸던 10대 시절의 나는 워싱턴주 시애틀시의 교외에 살고 있었다. 한국인이 비교적 많았던 에드먼즈에는 '호순이'라는 이름의 한국 식당이 있었다. 어머니는 한국인 친구의 가족과 만날 때마다 나를 데리고 그 식당에 갔다. 한국에 대한 지식이 거의 없었던 나는 호순이가 1988년 서울올림픽의 공식 마스코트인 호돌이의 여성형 이름이라는 사실도 전혀 알지 못했다.

호순이에서 식사할 때 느꼈던 그곳만의 독특한 인테리어와 분위기를 오늘날까지 생생하게 기억한다. 그전까지는 단 한 번도 경험해보지 못한 것이었다. 불고기가 담겨 있던 철판부터 계산대에 진열된 닥종이 인형들까지 모든 것이 이국적이었다. 당시 난 호순이에 앉아 한국이 중국이나 일본과 다르다는 것을 분명히 느꼈다. 하지만 딱 짚어서 어떻게 다른지 나 자신에게 자세히 설명할 수는 없었다. 물론 서울에 산 지 10년이 다 되어가는 지금도 나는 한국만의 분위기가 무엇이었는지 여전히 고민하고 있다.

호순이가 보여주었던 한국의 매력은 다른 나라를 모방해 만들어낸 것이 아니었다. 오직 그것 자체로 존재하는 독자적이고 고유한 것이었다. 그러나 요즘의 서울에는 다른 나라를 모방한 사례가 셀 수 없을 만큼 많다. 고층 빌딩이든 젊은이의 패션이든, 그게 무엇이든 간에 서울의 많은 것들은 뉴욕이나 런던에서도 충분히 발견할 만한 것들이다. 서울은 이탈리아 에스프레소 바를 모방한 스타벅스로 빽빽하게 채워져 있고, 국내 프랜차이즈 카페도 마치 스타벅스를 모방한 것처럼 비슷한 모습을 하고 있다. 자동차 같은 경우도 여전히 그렇다. 독특한 한국적인 특징을 보여주기보다는 미국이나 유럽, 일본 차의 특징들을 잘 섞어 이름만 한국 차라고 붙인 것이 오늘날의 현실이다.

세계가 급변하는 가운데 한국에서는 더욱더 모든 것이 너무나 빨리 바뀐다. 자동차 역시 예외가 아니다. 시간이 가면 갈수록 서울, 특히 강남에서는 암녹색 미니쿠페부터 진홍색 포르셰까지 수입 차들을 흔히 볼 수 있다. 그렇기 때문에 난 옛날 내가 좋아했던 1980년대 스타일과 약간 비슷한 새로운 현대 아반떼와 같은 국내 차들을 볼 때마다 매력을 더 느낀다. 물론 난 대중교통만으로도 편리하게 이동할 수 있는 서울에 살면서 차에 대한 관심을 조금씩 잃어가고 있다. 하지만 한국 차를 더 한국 것처럼 보이게 만드는 요소들이 무엇이냐는 질문에 대한 관심은 다시, 이전보다 더 많이 키워가고 있다.

헬스장 노스탤지어

몇 년 전 지금은 아내가 된 여자친구와 타이완으로 단체여행을 다녀왔다. 나는 타이완이 처음이었고, 심지어 단체여행도 처음이었다. 해외여행을 할 때 난 가이드가 있는 단체여행보다는 자유롭게 다니는 여행을 선호하는 편이다. 하지만 여자친구는 이미 단체여행을 많이 해본 상태였고, 나도 단체여행을 한 번쯤은 꼭 경험해야 되는 한국 문화의 일부로 여겼다. 그 때문일까. 결국 그 여행에서 나는 타이완보다 한국의 특징에 대해 더 많이 배웠다. 나의 첫 타이완 여행에서 제일 큰 문화 충격을 안겨준 것도 타이완 사람들이 아닌 같이 타이완을 관광했던 한국인들이었다.

그중에는 춘천에서 온 어머니와 두 명의 10대 딸이 있었다. 매일 후드티를 입고 슬리퍼를 신었던 작은딸과 달리 큰딸의 옷차

림은 마치 K-팝 걸그룹 멤버처럼 보였다. 그 나이 또래의 여고생들이 좋아하는 아이돌을 모방하는 것은 드물지 않은 일이다. 그런데 짧은 흰색 티셔츠에 벙거지 모자를 쓴 그 2000년대생 여학생은 마치 1990년대 뮤직비디오에서 튀어나온 것 같았다. 그때의 스타일이 벌써 레트로 유행으로 돌아온 것일까? 난 그런 사실을 믿기 어려웠지만, 그 학생은 내 눈앞의 살아 있는 증거였다.

1990년대 미국을 몸소 살았던 나는 그 당시에는 한국 문화에 대해 거의 알지 못했다. 그러다 난생처음 K-팝을 듣게 됐다. K-팝은 내가 한국 문화로 들어온 입구였다. 고등학교 1학년 때 최초로 음악을 다운받을 수 있는 냅스터라는 사이트가 생겼다. 냅스터에서 찾은 다양한 노래 중에는 1990년대 한국 걸그룹인 베이비복스의 노래도 몇 곡 있었다. 한동안 등굣길에 노래 몇 곡만 들어가는 초기 MP3 플레이어로 베이비복스의 음악을 자주 들었다. 이국적이지만 분명 매력적인 음악이었다. 어쩌면 가사를 이해할 수 없어 내용을 모르기에 더 매력적이었을지도 모른다.

그렇게 한국 자체에 대한 관심이 생겼지만 곧바로 K-팝 팬이 된 건 아니었다. 그럼에도 나는 K-팝을 업신여기지 않았다. 당시 많은 외국인들은 한국의 현대 문화보다 전통 문화에 관심이 더 많았다. 한국에 오래 살기도 한 그들은 K-팝이 싫은 이유를 끊임없이 나열한다. 한국에 사는 동안은 K-팝을 결코 피할 수 없다는 것이 큰 이유였다. 물론 서울에는 하루 종일 K-팝이 흘러나오는 카페와 식당이 적지 않다. 그뿐만 아니라 많은 공공 공간에서도 K-팝을 항상 들을 수 있다. 한국에 와본 적이 없는 외국인은 상상하기 어렵겠지만 서울에서는 그저 인도를 걷는 사람조차 K-팝에 무방비로 노출된다. 가게 외부에 설치된 스피커 때문이다.

나도 K-팝이라는 물고기가 헤엄치는 물을 내 일상의 배경처럼 느낀다. 마치 계절의 변화처럼 어디서든 들려오는 인기곡이 어떻게 변화하는지로 시간의 흐름을 구분할 수도 있다. 노래의 제목이 무엇인지, 가수가 누구인지는 모르더라도 말이다. 최근 나는 그 사실을 K-팝 음악이 끊임없이 나오는 헬스장에서 운동하다가 깨달았다. 많은 미국 헬스장에서는 클래식 록만이 흘러나온다. 1970년대와 1980년대에 너무나 자주 들어서 이제는 사람들의 관심을 전혀 끌지 못하는 음악들이다. 하지만 그 덕분에 헬스장에 다닌 지 몇 년이 지나도 시간의 흐름을 알아차릴 수가 없다. 반면 한국 헬스장에서 매일 들리는 K-팝은 지금이 언제인지, 그리고 여기가 어디인지를 늘 알려준다.

음악 외에도 대중문화 전체가 빠른 속도로 변화하는 것은 전세계에 널리 알려진 한국의 특징이다. 그 특징을 난 한국에 처음 방문했을 때 마주친 옷차림으로 알게 되었다. 그날 서울을 걸어 다니다 내가 발견한 건 보석으로 만든 부엉이였다. 그 부엉이들은 길거리 여기저기에서 티셔츠를 장식하고 있었다. 그리고 그다음 주가 되자 길에서 지나치는 대부분의 여자들이 똑같은 보석 부엉이 티셔츠를 입고 있었다. 몇 주 후 일이 있어 잠시 미국에 다녀왔다. 그러자 그 보석 부엉이 유행은 벌써 사라지고 말았다.

한국에서 유행이 얼마나 빨리 지나가는가보다 더 인상적인 것은 사람들이 그 유행에 얼마나 민감한가일 수 있다. 10대와 20대 젊은이들만 최신곡을 아는 미국과 달리 한국에서는 '아줌마', '아저씨'들도 최신 K-팝 노래를 잘 안다. 한국인들은 늘 어느 정도 유행을 따라야 한다는 압박감을 받는 것 같다. 하지만 외국인으로서 그러한 압박감을 그다지 느끼지 않는 나는 노래방에 갈 때마다 내 18번인 조용필의 〈서울 서울 서울〉을 부른다.

그런 모습이 1984년생인 나를 실제보다 옛날 사람처럼 보이게 만드는지도 모르겠다. 하지만 나는 지금의 한국 대중문화보다 1970년대와 1980년대 한국 대중문화에 좀 더 매료된다. 그래서 요즘 거의 없어진 현대 포니나 대우 르망 같은 자동차를 길거리에서 보게 되면 사진을 찍는다. 제일 좋아하는 한국 음반은 유재하의 《사랑하기 때문에》다. 처음으로 좋아했던 한국 영화 중 하나는 박광수의 〈칠수와 만수〉였고, 처음으로 만났던 유명한 한국인 중 한 명은 〈화려한 외출〉과 〈야행〉의 감독인 김수용이었다. 길을 걷다 그 시대의 영화에서나 등장할 법한 '다방'을 우연히 마주치면 대부분 들어가 본다.

옛날 한국에 대한 직접적인 경험이 없기 때문에 내가 이런 취향을 갖게 된 걸까? 그렇기 때문에 오히려 그 시대의 대중문화가 가진 가치를 재발견할 수 있었던 걸까? 이 질문은 한국 젊은 이들과 나 같은 외국인 모두에게 해당된다. 지금 한국의 젊은 세대는 내 이야기가 잘 이해되지 않을지도 모른다. 하지만 분명 우리는 과거에 대한 경험이 부족하고, 바로 그렇기 때문에 조금은 새로운 시각으로 한국을 볼 수 있다는 공통점이 있다.

한국에서 이방인으로 사는 것에 대한 질문을 가끔 받는다. 그럴 때마다 나는 항상 이방인의 입장이 단점보다 장점이 많다고 대답한다. 때로는 60년 넘게 일본에 살았던 미국인 작가 도널드 리치의 말을 인용할 때도 있다. 리치는 모국에 사는 것과 외국에 사는 것의 차이를 일반 관객으로서 영화를 보는 것과 평론가로서 영화를 보는 것의 차이에 비유했다. 리치는 전자가 확실히 더 편안하지만, 자신은 더 부담스럽고 묘하게 자극적이더라도 후자를 선호한다고 썼다.

이렇듯 어느 정도 거리를 두고 사회를 보면 모든 것이 훨씬 더 흥미로워진다. 매일 들리고 보이는 표현이나 광고와 같이 사소한 것들도 그 사회를 이해하고 해석할 수 있는 도구가 된다. 쉬운 예로 한국이든 해외든 오늘날의 히트곡들이 나에게는 단조롭거나 유치하게 들릴 때가 있다. 하지만 끊임없이 변화하는 21세기의 K-팝은 끊임없이 변화하는 21세기의 한국에 대해 알려주는 가장 뚜렷한 지표가 된다.

놀랍게도 지난 몇 년 동안 헬스장에서 내가 즐길 수 있는 K-팝 노래가 점점 늘어나고 있다. 이곳에 오래 살아서 K-팝에 익숙해진 덕분일까? 대부분의 경우 내 관심을 끌고 내 귀를 즐겁게 하는 그 노래들은 1980년대와 1990년대의 음악에서 영감을 받은 것이 분명해 보였다. 과거 여러 시기의 스타일과 생활 방식을 새로운 문화 형태로 재해석하는 현상은 뉴트로라는 유행어로 널리 알려졌다. 음악뿐만 아니라 패션과 디자인, 영화와 드라마 같은 거의 모든 분야에서.

요즘 젊은 한국인들은 익선동 카페를 방문한다. 드라마 〈응답하라 1988〉에서만 봤던 1980년대의 전축이나 텔레비전 같은 전자제품이 멋진 인테리어 소품으로 재탄생해 핫플레이스로 떠오른 곳이다. 일본의 1980년대 게임기인 재믹스까지 시장에 다시 등장했다. 이처럼 20년 전에는 한국인들이 촌스럽다고 멸시했던 것들이 돈을 벌어다 주는 유행으로 떠오른 이유는 노스탤지어 nostalgia, 즉 향수 때문이다. 심지어 뉴트로 현상에 뛰어들어 즐기는 대부분의 요즘 사람들이 뉴트로의 핵심 요소인 그 시대를 직접 겪어보지 못했음에도.

뉴트로는 레트로를 좋아하는 나 같은 사람들이 현재의 한국 대중문화를 더 풍부하게 경험하게 한다. 나아가 개발 지향적이고 미래 지향적인 한국 사회에 과거의 매력을 재발견할 기회를 제공한다. 뉴트로 문화는 젊은 한국인 못지않게 나 같은 외국인들에게도 한국 근대사와 연결될 다리가 되어준다. 물론 과거든 현재든 여전히 나는 한국 아이돌 가수들을 잘 구별하지 못한다. 그런 점에서 나는 아직 한국에 대해 배울 게 많이 남아 있는 셈이다.

4부

이 나라 사람들이
쿨할 수 없는 이유

자살 직전의 나라는
어디로 가는가

한국을 취재하는 모든 기자는 언젠가 자살에 관한 기사를 써야 한다. 한국의 자살률이 다른 어느 나라보다 높을 뿐 아니라(리투아니아가 바로 그 뒤를 잇고 있다) 자살이라는 행위는 한국 사회에 널리 퍼져 있는 다른 상황들과도 연관되어 있을 가능성이 높기 때문이다. CEO의 자살은 '초경쟁적' 경제의 압박 탓일 수 있다(장기 실직자인 아버지의 자살처럼). 학생의 자살은 대학 입시에서 낮은 점수를 받은 탓일 수 있다. 젊은 여성의 자살은 소셜 미디어 내에서 벌어진 팔로어의 공격 탓일 수 있다. 하지만 최근 글로벌 미디어가 파악한 트렌드를 보면 한국에서 발생하는 여러 개인의 자살만큼이나 주목해야 할 자살이 있다. 그건 바로 '한국이라는 국가 자체의 자살'이다.

이 국가적 자살에 대한 정량적 관점은 이미 많은 전문가들이 쌓아온 수치와 관련이 있다. 다름 아닌 놀랍도록 낮은 한국의 출생률이다. 〈블룸버그〉의 노아 스미스는 "1960년 한국의 합계 출산율은 여성 한 명당 6명 이상으로 인구 폭발을 일으킬 만큼 높았다"고 말한다. "한 국가가 장기적으로 인구 안정성을 유지하려면 출산율이 2.1명 정도, 즉 부모 한 명당 한 명 이상의 자녀를 낳아야 한다. 한국의 출생률은 현재 그 절반 정도다. 그리고 계속 떨어지고 있다." 한국의 0.98명(이 글을 쓴 2019년 기준, 2023년 2분기에는 0.7명대까지 떨어졌다)이라는 사상 최저 출생률은 저출산 문제로 유명한 일본보다도 낮은 수치다(일본의 출생률은 1.4명 이상을 유지하고 있다). 한국의 출생률이 발표되자 전문가들은 정확히 몇 년도에 한국인이 멸종할 것인지에 대한 예측을 앞다퉈 내놓기 시작했다.

20, 30대 한국인이라면 누구나 한 번쯤은 이 사회에서 결혼을 하기 힘들 것이란 생각을 해봤을 것이다. 언론들도 한국 사회에 대한 일종의 항의로서 재생산 거부가 급증하는 현실에 주목해왔다. 2019년 여름에는 젊은이들 사이에서 일어난 소위 '비혼' 운동에 대한 많은 보도가 있었다. 영어에서 '미혼'을 뜻하는 unmarried에는 별다른 의미가 없지만, 한국어 '미혼'에는 결혼을 하지 않았다는 뜻 외에 언젠가는 결혼할 것이라는 의미가 내포되어 있다. 영어로는 번역하기 어려운 언어적 차이다. 최근 몇 년간에는 미혼의 대체 용어인 '비혼'이 주목을 받고 있다. 이는 결

혼을 하지 않겠다는 의도적인 선택, 즉 결혼과 함께 거기 수반되는 어떤 활동에도 참여하지 않겠다는 확고한 의사를 표현한다.

30대 책방 주인이자 비혼 지지자인 김종현의 책《한번 까불어 보겠습니다》에도 미혼과 비혼에 대한 챕터가 나온다. 비혼이라는 단어는 유튜브 채널 '혼삶비결 SOLOdarity'를 운영하는 정세영과 백하나 같은 브이로거들이 혼자 사는 라이프스타일의 장점을 소개하면서 더욱 유명해졌다. "결혼, 가부장제의 세뇌?"라는 제목의 영어 자막 에피소드에서 그들은 결혼하지 않는 선택에는 비정상적인 무언가가 내포되어 있다는 인식 때문에 비혼조차도 용납받지 못한다고 설명한다. 이들은 기혼자에게는 '결혼주의자', 비혼을 한 단계 더 발전시키고자 하는 사람에게는 '반결혼주의자'라는 명칭을 붙이는 방식으로 그 문제에 맞선다.

비혼주의자가 아닌 사람들 사이에서도 결혼에 대한 열광은 찾아볼 수 없다. 작년에 나는 김종현의 서점에 초대받았다. 다른 단골손님 몇 명과 함께 결혼 관련 TV 다큐멘터리에 출연해달라는 요청 때문이었다. 다큐멘터리 제작진은 조명, 카메라, 마이크를 설치하고는 우리에게 맥주병이 놓인 테이블에 둘러앉아 술을 마시면서 결혼이라는 개념 자체에 대해 이야기를 나눠달라고 말했다.

얼마 지나지 않아 서점의 문이 열리고 다큐멘터리의 주인공인 20대 중반의 커플이 들어왔다. 그들은 1년 정도 사귄 후에도 결혼 여부를 결정하지 못하고 있었다. 술 몇 잔을 마신 후 나는 동네 서점 단골들로 구성된 10명 정도의 사람들(기혼자는 두 명뿐이었고 30대 중반의 미혼 서양인보다 더 괴짜 같았다)이 이 사회의 주변인들로서 일종의 반대를 위한 반대를 해야 한다는 것을 깨달았다. 커플 중 남자는 결혼해야겠다는 생각이 60퍼센트, 여자는 40퍼센트라고 답했다. 내가 보기에 두 사람도 결혼에 부정적인 듯했다.

물론 김종현처럼 비혼의 깃발을 흔드는 한국인 남성들도 있다. 그러나 가장 눈에 띄는 사람들은 정세영과 백하나 같은 여성들이다. 정세영과 백하나는 가시적인 여성성을 중시하는 한국 사회에 순응하지 않겠다는 의미로 중성적인 자기표현을 키워왔다. 여름마다 서울 거리에서 다시 유행하는 문신 등 일부 한국 젊은이들의 미적 선택은 전통적인 형태의 사회·경제생활에 대해 "당신들은 날 자를 수 없다. 내가 그만두겠다"라고 맞서는 태도를 암시한다.

서구 출신 사람들의 눈에는 이런 저항이 청소년기에 잘 드러나는 신경질적인 믿음, 즉 모든 신념과 기대에 대한 반사적인 반대를 투영하는 것처럼 보인다. 정세영과 백하나의 대화 속에 가득한 정부의 세뇌, 미디어의 조작, 톱니바퀴 아래에 여성을 마구 갈아 넣는 무질서한 기계로서의 가부장제, 자본주의에 내재된 생산과 소비의 노예화에 대한 언급도 마찬가지다.

주로 서구의 입장에서 시도되는 이런 논의와 달리 물질적 발전이 사람들의 의식 확장에 제몫을 해온 것에는 의문의 여지가 없다. 그러나 그런 물질적 발전과 별개로 한국 사회는 이제 경제적으로 '한강의 기적'을 이루던 시절의 경직성을 상당 부분 포기했다. 20세기 대한민국을 일류 국가로 이끈 개발의 지름길은 곧 대규모 집단 프로젝트에 대한 불쾌감을 키우는 지름길이기도 했다. 부모의 나약함을 감지한 많은 청소년은 부모의 권위를 거부하고 자신에게 가장 절실한 충동에 굴복한다. 이런 일이 한국에서도 사회적으로 일어나는 것으로 보인다. 그중에는 덴마크나 호주 같은 곳에서 삶의 만족을 찾으려는 진지한 시도 등 무해한 것도 있다. 하지만 스미스가 말하는 "완전한 인구 붕괴"와 같은 잠재적으로 끔찍한 결과를 초래할 수 있는 것들도 있다.

한국의 소멸 위기에 대해 흔히 제시되는 이유로는 높은 교육비와 함께 여성의 경력 단절이 있다. 한국 여성에게 강요되는 개인적, 직업적 의무를 다할 수 없는 현실을 소설로 풀어낸 조남주 작가의 《82년생 김지영》이 선풍적인 인기를 끌면서 이러한 불만이 시대적 화두로 떠오르기도 했다. 서울시는 생애 단계별로 다양한 인구 집단을 지원하는 서비스를 홍보하는 것으로 대응했다. 그러나 정세영과 백하나를 비롯해 비혼을 추구하는 여러 사람들은 이러한 노력만으로는 부족하며, 출생률을 높이기 위한 국가적 차원의 노력이 결혼과 자녀에 대한 관심을 오히려 떨어뜨린다고 생각한다.

그들은 한국에는 지향할 만한 결혼 모델이 많지 않다는 점을 지적한다. 그들은 법적인 의미를 제외하면 이미 오래전에 해체된 것처럼 보이는 결혼 사례를 자주 접한다고 말한다. 그들 주변의 기혼 여성들은 대부분 불행해 보이지만, 그렇다고 대안적인 사례를 찾아보는 것 역시 별다른 결실을 맺지 못하고 있다.

전통적 생활 방식을 거부하는 한국인들이 많아지고 있다. 하지만 그런 거부는 그저 한국을 벗어나 외국을 여행하고 똑같은 풍경 앞에서 인스타그램 사진을 찍는 일로 축소되고 있는지도 모른다. 물론 다른 수단을 통한 순응이라는 방식의 저항은 전 세계에서 오랫동안 인정되어온 성장의 단계였다. 많은 사회는 인류가 오랜 기간 발전시켜온 여러 요구가 갑자기 그저 여러 선택지 가운데 하나로 전락해버릴 때마다 어려움에 직면했다. 대한민국은 어떤 답을 가지고 있을까 궁금해진다.

15분,
그들이 변화하는 시간

한국에 살다 보면 이전에 살던 나라에서 사용하던 모든 물건이 한국판으로 만들어져 있다는 것을 알게 된다. 상품뿐만 아니라 서비스, 특히 인터넷 서비스도 마찬가지다. 거의 20년 동안 한국인들은 대부분의 검색을 구글이 아닌 네이버에서 해왔으며, 네이버는 자체적으로 훨씬 더 기능적인(물론 한국에 한해서) 지도 애플리케이션도 제공한다. 식당을 찾을 때는 옐프Yelp가 아닌 다이닝코드Diningcode를 이용하고, 아파트를 찾을 때는 크레이그스리스트Craigslist나 질로우Zillow가 아닌 직방이나 다방에서 검색하며, 메신저 시장은 오랫동안 카카오톡이 점령해왔다. 한국어 위키백과와 함께, 저급한 농담이 많이 섞여 있고 출처가 불분명하지만 더 상세한 정보가 실린 나무위키가 있다.

심지어 위에 언급한 것들이 유일한 선택지인 것도 아니다. 한국에선 카테고리별로 수많은 국내 경쟁 업체가 있고, 그중 어느 것도 완전한 우위를 점하지 못하고 있다. 이런 상황은 대개 정책 때문이 아니라 특정 문제를 해결해야 한다는 한국 소비자의 독특한 기대와 인식에서 비롯된 것이다. 이는 1960~70년대 한국의 수출 주도형 성장 이데올로기로까지 거슬러 올라갈 수 있는 문제다. 그리고 이러한 맥락은 TED 강연에 상응하는 한국식 TED 강연을 탄생시켰다. TED는 10년이 훨씬 넘는 기간 동안 찬사와 비판 속에서 수억 건의 조회수를 기록한 짧은 동영상 강연 시리즈다.

2011년에 시작된 한국식 TED 강연은 '세상을 바꾸는 시간, 15분'의 줄임말인 '세바시'로 불린다. 영어로는 'The Fifteen Minutes that Changes the World'로 번역된다. 물론 대부분의 영상이 15분을 넘기고 일부 영상은 15분보다 훨씬 길다는 것을 고려하면 제작자들은 TED 강연을 많이 모방했음에도 TED의 엄격한 18분 제한은 차용하지 않은 듯하다. TED 큐레이터인 크리스 앤더슨Chris Anderson은 "진지해질 수 있을 만큼 길되, 사람들의 주의가 흐트러지지 않을 만큼 짧은 시간, 즉 커피 한 잔 마실 정도의 시간"이라는 말로 그 영상의 길이를 정당화했다.

많은 한국 직장인들은 쌀쌀한 겨울에도 커피를 위한 휴식시간과 담배를 위한 휴식시간을 결합해 건물 밖에서 담배를 피운다. 양손에 담배와 커피를 들고 있으니 추가로 손에 뭔가를 더 드는 것은 힘들 거라고? 그렇지 않다. 많은 한국인들은 거기다

휴대전화까지 함께 들여다보고 있다.

한국 사람들은 도시를 바탕으로 잘 발달된 교통 인프라와 세계 최고 수준의 초고속 인터넷 덕분에 이동 중에도 동영상을 많이 시청한다. 세바시의 공식 영상을 켜면 소개가 시작된다. "야식으로 라면 하나 끓여 먹는 시간, 15분", "빈둥대며 잡지 한 권 뒤적이는 시간, 15분", "놓친 버스 다시 기다리는 시간, 15분." "덧없이 사라지는 당신의 15분이 이제 가장 소중한 시간이 됩니다." 그리고 제안한다. 당신의 15분을 세상을 바꾸는 데 사용하는 건 어떻겠냐고.

TED에서 가장 인기 있는 강연의 주제는 "거짓말쟁이를 알아보는 방법", "할 일을 미루는 이유", "학교가 창의성을 죽일까?", 그리고 이 글을 쓰는 현재(2018년 1월경) 1864만 824회로 역대 최소 조회수를 기록한 "스팸 메일에 답장하면 이런 일이 생긴다" 등 다양하다. 하지만 가장 인기 있는 세바시 강연은 "놀던 여자가 잘되는 이유", "소통은 여자의 마음과 같다", "열정, 권태, 그리고 성숙" 등이다. 그리고 이 인기 많은 강연들 대부분이 소통 전문가인 김창옥이 진행했다는 점에서 그는 세바시와 가장 많이 동일시되는 연사 중 한 명이라 할 수 있다.

세바시 강연 초기 그는 서울여자대학교의 '기독교학과 겸임교수' 자격으로 출연했다. 하지만 세바시에서 시작된 강연자로서의 명성은 이후 그를 '김창옥 휴먼 컴퍼니'라는 회사의 대표라는 새로운 위치에 올려놓았다. 그의 강연을 보면 한국어를 한마디도 못 알아듣더라도(일부 강연에는 영어 등 다른 언어 자막이 제공되지만) 그가 대중 연설의 기술을 어느 정도 마스터했는지 짐작할 수 있다. 공적인 자리에서든 사적인 자리에서든 한국어를 능숙하게 구사하는 것과는 거리가 먼 나는 그를 보면서 많은 것을 배웠다. 많은 조회수(2024년 1월 기준 3939만 뷰)를 기록한 TED 강연인 "사람들이 귀 기울이게 말하는 법How to Speak So that People Will Listen"에서 영국의 '소리와 커뮤니케이션 전문가' 줄리안 트레저Julian Treasure가 가르쳐준 기술들을 한국어에 비춰 유추해보면서 말이다.

역대 세바시 강연에서 가장 많은 조회수를 기록한 김창옥의 2012년 영상 "나는 당신을 봅니다"는 이 글을 쓰는 현재 518만 4436회(2024년 1월 기준 669만 3603회)의 조회수를 기록했다. 5년이 지나도록 영어 자막이 달리지 않았다는 점에서 이 강연은 대부분 한국인들이 본 것이다. 이 강연이 한국 사람들에게 큰 반향을 일으킨 이유는 무엇일까?

김창옥은 18분 동안 주로 술 없이는 한마디도 하지 않고, 술만 마시면 가족들에게 몇 시간씩 같은 말만 반복하던 난청인 아버지에 대해 이야기한다. 그는 아버지가 어머니를 구타한 것은 따로 언급할 필요도 없을 정도로 당연한 일이었다고 말한다. 문학과 영화 등 현대 한국의 대중문화 전체를 반추해보면 그의 아버지는 자신의 분노 표출에만 충실한, 꽤나 전형적이고 비정한 한국의 가부장이라고 할 수 있다.

이런 모습은 강연 당시 40대였던 김창옥 세대에게, 그리고 그가 자란 외딴 제주도 같은 장소에서 특히 흔했을 것이다. 하지만 집을 떠나고 몇 년이 지난 후에 그는 자신을 학대하던 아버지에게 가끔씩 용돈을 주기 시작했고(외국인들에게는 매우 이해하기 어려운 대목이다), 그 과정에서 노인이 되어버린 아버지를 이해할 방법을 찾아낸다.

결정적인 변화는 병원에 입원해 있던 김창옥이 아버지에게 전화를 걸었을 때 일어났다. 그는 아버지의 목소리가 간절히 듣고 싶었지만 아버지는 그의 마음과는 달리 커다란 목소리로 평소와 똑같은 세 가지 메시지, 밥을 잘 먹으라는 말, 차를 조심하라는 말, 전화 요금이 많이 나오니 이제 그만 전화를 끊으라는 말만 반복했다.

그 순간 그는 아버지의 이 변함없는 말을 다르게 해석할 수 있겠다고 생각했다. 밥을 잘 먹으라는 말은 사랑의 표현으로, 전화 요금에 대한 언급은 시간 나면 찾아오라는 제안으로 말이다. 마치 한국에서도 큰 인기를 끌었던 영화 〈아바타〉에서 외계 종족이 서로에게 하는 "나는 당신을 봅니다I see you"라는 인사말에 훨씬 더 깊은 뜻이 담겨 있는 것처럼.

강연의 이 대목에서 화면은 이미 다양한 연령대의 청중들이 촉촉한 눈빛으로 김창옥을 바라보는 장면으로 바뀌어 있다. 그 장면에서 우리는 많은 이들이 소통이 단절되거나 심지어 폭력적이었던 가족 구성원으로 인해 비슷한 어려움을 겪었음을 짐작할 수 있다. 아버지의 폭력에 대해 설명하면서 그는 '트라우마trauma'를 언급한다.

마지막으로 그는 청중들에게 자기 자신을 안아주라 제안한다. 나아가 혹시 사죄의 마음을 전해야 할 사람이 있는지 스스로에게 물어보라면서 힐링healing의 길로 안내한다. 한국에서 유행어로 자리 잡은 '힐링'은 한국어가 이전에는 정확히 명명하지 못해 생겨났던 여러 불편함을 해소할 수 있는 단어로 보인다.

힐링은 소통, 일상, 그리고 사회적 치유라는 요소를 모두 담고 있다는 점에서 세바시의 미션에 정확히 들어맞는다. 소셜 미디어에 능통한 혜민 스님의 트윗이나 특히 한국에 많은 팬을 거느리고 있는 작가 알랭 드 보통의 책을 떠올려보라. 한국에서의 생활이 길어지면서 '세상을 바꾸고(종종 15분도 안 되는 짧은 시간 안에) 뒤이어 자신까지도 바꿔버리겠다'는 과열된 이야기를 많이 듣곤 한다. 그중 일부는 '자기계발'이라는 이름으로 한국에서 재탄생한 미국식 자구책의 일종이라 할 수 있다.

그런 맥락 위에서 세바시 강연을 포함한 인기 강연들은 불행을 직시하고, 결혼 생활에서 '공정한 거래'를 실천하고, 사회적 기대에 너무 휘둘리지 않을 것을 제안해왔다. 그런 주제들로 강연을 듣더라도 그저 계속 살아갈 방법을 찾는 일은 더 복잡해지지도 더 쉬워지지도 않겠지만.

알랭 드 보통을
좋아하세요?

2000년대 후반 카피라이터 크리스천 랜더Christian Lander가 "수백만 백인들의 독특한 취향"에 대해 풍자한 블로그 글이 폭발적인 인기를 끌면서 두 권의 책이 출간되었다. 그의 블로그 이름인 '백인들이 좋아하는 것들'에 대한 모방 열풍도 거세게 불었다. 그중 짧게 나타났다 사라진 블로그인 '한국인이 좋아하는 것들'도 음식 사진, 노벨상, 여행 에세이집, 슬랩스틱, '백인을 너무 진지하게 받아들이기', 하버드, 그리고 작가 알랭 드 보통을 향한 한국인들의 열광에 대해 예리한 관찰을 남겼다.

"스위스 태생의 영미권 작가 알랭 드 보통은 한국 작가들이 의식적으로 또는 무의식적으로 동경하는 모든 것의 총합이다." 관련 항목에 적힌 내용이다. "차분하고 섬세한 산문, 세련된 학식, 한때 하버드에 다녔다는 사실까지. 알랭 드 보통은 완벽한 현대적 한국 작가일지도 모른다." 주요 서점마다 드 보통의 얼굴 이미지에 감싸인 수십 권의 책이 진열대에 쌓여 있다.《왜 나는 너를 사랑하는가》,《젊은 베르테르의 기쁨》,《불안》 같은 책들이다. 한국에서 *그*가 얼마나 큰 인기를 끌고 있는지 보여주는 장면이다.

2016년 어느 주말에는 알랭 드 보통이 고려대학교 대강당에서 강연을 하기 위해 서울을 방문했다. 참석자들은 몇 시간 전부터 현장에 도착해 그의 이미지가 담긴 포스터 옆에서 사진을 찍었다(입장권 한 장에 140달러에 가까운 가격임에도 대부분이 표를 예매했다. 물론 현장에서도 표를 판매했는데도). 일부는 고려대학교를 통해, 일부는 '인생학교 서울'을 통해 참가 등록을 한 것으로 보였다. '인생학교 서울'은 알랭 드 보통이 공동 설립하고 그와 밀접한 관계를 맺고 있는 국제 교육 단체의 한국 지부(작가이자 기업가인 손미나 씨가 운영한다)다. 참가자들은 창의력, 스트레스 관리, 가족과의 관계, 철학자처럼 여행하기, 죽음과 마주하는 법 등에 대한 강의를 들을 수 있었다.

이러한 주제는 기본적으로 대부분의 사람들과 관련이 있다. 하지만 특히 한국인들에게 큰 공감을 불러일으키는 듯하다. 한국인들의 고백에 따르면, 그들은 지위 등에 대한 걱정으로 스트레스가 가득한 삶을 복잡하고 답답한 건물들 사이에 밀어 넣으며 살아간다(《행복의 건축》에서 알랭 드 보통이 진단했듯이 말이다). 유교의 잔재로 인해 그들의 인간관계는 복잡하고, 그들의 마음은 모든 것이 허무하게 끝날지도 모른다는 두려움으로 가득하다. 외국인인 나는 그런 문제들로 큰 고통을 느낀 적이 없었다. 그 결과 인생학교 수업에 직접 참석하지도 않았다. 그럼에도 나는 저술과 텔레비전 다큐멘터리를 통해 알게 된 알랭 드 보통의 프로젝트에 고마움을 느끼고 있다.

몇 년 전 산타 바바라에서 진행했던 한 공영 라디오 프로그램에서 그의 저서《일의 기쁨과 슬픔》을 소개한 적이 있다. 그날 난 그를 인터뷰하며 그와 직접 대화할 기회를 가질 수 있었다. 당시 난 이미 한국어 공부를 시작한 상황이었지만, 한국에 그의 독자가 이렇게 많다는 건 알지 못했다. 그렇기 때문에 몇 년 후 로스앤젤레스에 사는 한국인 친구와 이야기를 나누다가 그녀가 좋아하는 책으로《일의 기쁨과 슬픔》을 꼽았을 때 깜짝 놀랐다. 그 후 그 친구 외에도 알랭 드 보통의 작품을 사랑하는 한국인들이 많다는 것을 잘 알게 되었다.

얼마 후 서평지에 실린 리사 레비의 '인생학교에 대한 비평'을 읽은 나는 첫 인생학교가 런던에서 열렸다는 사실에 놀랐다. 런던은 자기계발에 대해 "그런 장난은 그만둬"라는 식의 시니컬한 태도를 보이는 곳이기 때문이다. 서울에서《기적을 이룬 나라, 기쁨을 잃은 나라》의 저자 다니엘 튜더를 인터뷰했을 때, 그는 모국인 영국보다 한국의 어떤 점이 더 좋은지를 명확하게 설명했다.

우리는 항상 약간 냉소적이었다. 우리는 모든 것을 농담으로 만든다. 사회적으로 야망이 있거나 달라지려고 노력하거나 새로운 것을 시도하는 것은 거의 범죄에 가깝다. 영국에서는 항상 누군가가 "왜 그런 짓을 해? 이봐, 친구"라며 비웃는다.

하지만 한국에서는 이런저런 이유로 서양에서 아이러니라고 부르는 반어적 표현법들이 잘 통용되지 않는다. 앞서 언급했던 '한국인이 좋아하는 것들'의 필자에 따르면 "한국인이 가장 싫어하는 것 중 하나도 아이러니"다.

"한국인은 아이러니와 아이러니의 모든 하위 집합(정치인과 교회 목사의 위선에 대한 풍자 등)을 잘 이해하지 못하는 경향이 있다. 그렇기 때문에 〈프렌즈〉가 지속적으로 성공하고 〈사인필드〉가 계속 실패했던 것"이라고 말했다. 그건 "한국 문화가 글로벌 무대에서 성공할 수 있었던 이유이기도 하다. 한국 대중음악과 TV 로맨스드라마는 특별히 아이러니가 풍부하지 않기 때문에 쉽게 번역되어 전 세계로 수출될 수 있다."

하지만 나는 한국에는 아이러니와 닮은 것이 없다고 말하는 것이 망설여진다. 나아가 아이러니가 '아직' 없다고 말하는 일은 더욱 주저된다. 마치 아이러니가 고층 빌딩이나 편의점처럼 피할 수 없는 현대화의 또 다른 발전 단계이고, 궁극적으로는 모든 곳에 반드시 도래하리라 말하는 것처럼 느껴지기 때문이다.

물론 나는 어느 정도의 아이러니가 특정 문화에 풍성한 유머를 가져다준다는 것을 알고 있다. 영국 코미디가 여전히 미국 코미디와는 별개로, 때로는 미국 코미디를 능가하는 것으로 간주되는 이유가 무엇인지, 수출용으로 포장된 밋밋한 한국의 히트곡과 끝없는 멜로드라마가 보여주듯이 아이러니가 없는 표현 방식이 무엇을 잃게 되는지도 잘 알고 있다. 반어적 표현을 의미하는 아이러니는 '곧이곧대로 말하고 믿음' 또는 '진심'의 반대라고도 정의할 수 있다.

나는 다른 선진국에 비해 상대적으로 아이러니가 부족한 한국을 좋아한다. 마찬가지로 알랭 드 보통도 다른 작가들에 비해 상대적으로 아이러니가 부족하다는 점에서 나는 그의 글이 좋다(그에게 유머가 없다는 뜻이 아니다. 영어로 쓴 그의 글은 건조하고 서술적인 위트를 지니고 있어서 가끔씩 깜짝 놀라 웃음을 터뜨리기도 한다. 그것이 한국어로 잘 번역되는지는 알 수 없지만). 그리고 아이러니가 상대적으로 적을수록 좀 더 높은 열망의 추구가 가능해진다. 모든 아이러니스트들은 실수로든 의도적으로든 그런 열망의 추구와 같은 개념을 부정적으로 받아들인다. 알랭 드 보통을 가장 혹독하게 비판하는 사람들은 특히 그의 이러한 측면을 꼬집는다.

그러한 열망은 많은 사람들이 효과적인 의사결정 방법에 대한 수업을 듣게 만든다. 예술과 철학을 치료의 도구로 사용하는 걸 더욱 장려하기도 한다. 또한 '프루스트가 어떻게 당신의 삶을 바꿀 수 있는가' 같은 제목이 허용되고 장려된다.

마크 그레이프Mark Greif는 웹사이트 '고등교육 연대기Chronicle of Higher Education'에서 〈파르티잔 리뷰Partisan Review〉가 번성했던 1930년대부터 1950년대까지 미국을 돌아보며 그 시대 '대중'의 '열망'에 대해 썼다. 열망은 전적으로 고결하거나 고귀한 것이 아니다. 요즘은 '열망'이라는 단어를 주로 명품 브랜딩에 사용하지만 사실 그렇게 욕망적이고 상업적인 의미를 담고 있는 표현이 아니었다. 그것은 자신이 지금보다 더 나은 사람이 될 수 있고, 또 그래야 한다는 중립적인 생각이나 기대와 같은 것이다. 사람들은 당연히 지금보다 더 나아지기를 원하고 성장하기 위해 노력해야 한다. 모든 사람은 가치가 있다는 점에서 응당 그렇다.

미국 친구들이 왜 한국으로 이주하고 싶었느냐고 물어보면, 나는 한국 사람들이 여전히 미래를 좋은 것으로 여기기 때문이라고 대답했다. 한국을 오랫동안 관찰해온 사람들 중 한국의 경제 침체, 극심한 세대 갈등, 저출생, 점점 더 공포스럽고 강압적인 정부에 대해 잘 알고 있는 사람들은 그런 내 대답을 비웃을지도 모르겠다. 하지만 나는 여전히 서울 거리에 있는 모든 사람이 '지금보다 더 나아질 수 있고, 또 그래야 한다'는 생각이나 기대를 품고 있다는 걸 느낄 수 있다. 이러한 생각들은 다양한 방식으로 나타난다. 싸이가 유머러스하게 비튼 '강남 졸부'들의 화려한 생활에서부터 선택적 성형수술 산업, 조잡한 형태의 서구화, 모든 것(특히 학교, 그중에서도 하버드 대학교)을 자신을 드러내는 브랜드로 간주하는 경향에 이르기까지 그 사례는 다양하다.

한국 사람들이 여전히 미래를 좋은 것으로 여긴다는 말은 많은 한국인이 자신이 더 나아질 수 있다고 기대하고, 또 그러기 위해서 삶의 방식을 재고해야 한다고 믿는다는 의미다. 알랭 드 보통은 인생학교 홍보 영상에서 "한국은 멋진 나라이지만 많은 부분에서 고통에 빠진 나라입니다"라고 말한다. 또한 강연의 질의응답 시간에 "사람들은 극도로 바쁘고, 삶은 혼잡한 데다 비용이 많이 들고, 시간은 부족하고, 전통과 초현대, 가족과 자신에 대한 충성 사이에 긴장감이 있는 데다 현대 사회의 문제(와 즐거움)를 많이 가지고 있는 사회"라고 답하기도 했다. 아직 그 누구도 이러한 문제에 대한 완벽한 해결책을 찾지 못했다. 하지만 적어도 한국에서는 그 해결책이 아이러니가 아니라는 사실만은 분명하다.

가장 고독한 취미를
가장 대중적으로 말하는 유튜버

늦은 저녁 침대에 누워 텔레비전 채널을 돌리다 보면 이런저런 프로그램을 보게 된다. 가끔 그중에는 유튜버에 관한 프로그램들도 있다. 한 프로그램은 세 명의 서로 다른 유튜버가 자신의 시리즈 중 가장 대표적인 에피소드를 직접 제작하는 모습을 다뤘다. 진행자는 유튜버들과 함께 영상에 대해 이야기하고, 질문을 하고, 가끔 농담도 던지며 현대적인 TV 미학의 특징인 자막과 그래픽을 보완해 나갔다. 게스트로 등장한 유튜버 중 한 명은 요리 쇼, 또 한 명은 코미디 쇼를 제작했고, 나머지 한 명은 춤과 음악이 떠오르는 좀 더 독특한 방향으로 나아갔다(대구의 작은 방에서 혼자 열심히 K-팝 뮤직비디오를 재연하던 약사 크리에이터 '퇴경아 약먹자'가 떠오른다).

그 프로그램을 보면서 한국이 얼마나 많은 텔레비전 영상과 채널을 만들어내는지(나는 케이블 패키지에 있는 채널의 10퍼센트도 시청하지 않는다), 그리고 인터넷에는 또 얼마나 많은 영상이 있는 지 생각했다. 전 세계 대부분의 사람들은 한국인들이 진행하는 방송이라고 하면 대부분 몇 년 전부터 서구권 사람들에게 익숙 하게 다가온 '먹방' 같은 것을 떠올리곤 한다. 하지만 지금 크리 에이터 생태계에서는 음식과 먹는 것만 가지고는 절대 살아남 을 수 없다. 한국인들의 영상 콘텐츠는 더 어렵고 복잡한 소재와 주제로 다변화했다.

그중 책과 관련한 유튜버가 한 명 있다. 바로 유튜브 채널 '겨 울서점'의 크리에이터이자 호스트인 김겨울이다. 물론 미국에 도 북 유튜버가 있지만 그녀만큼 빠르게 유명세를 얻은 사람은 본 적이 없다. 2017년 초 겨울에 책방을 시작한 이후 김겨울은 120개 이상의 에피소드(이 글을 쓴 2018년 말 기준, 2024년 1월 기준으로는 430개가 넘는다)를 업로드했다. 대부분의 영상은 책으로 가득 채워진 책장 앞에서 촬영됐으며, 모두 책과 관련된 주제를 다루고 있다.

그녀는 서가를 둘러보고, 책을 추천하고, 자신만의 독서 방법(사실 방법에만 그치지 않고 판형이나 본문의 여백 등 선호하는 도서 스타일, 사용하는 커피 보온병 브랜드 등 책과 관련된 것이라면 거의 모든 것을 다룬다)을 설명한다. 외국 도서의 번역본과 한국 도서를 비교하거나, 여러 전자 독서 기기를 서로 비교하기도 한다. 책의 한 대목을 낭독하고(개인적으로 좋아하는 로스앤젤레스 배경의 소설인 크리스토퍼 이셔우드의《싱글 맨》도 읽은 적이 있다), 파주출판도시의 출판 마켓에 가기도 한다. 영화 전문가와 함께 스티븐 킹의《샤이닝》과 스탠리 큐브릭의 〈샤이닝〉, 필립 K. 딕의《안드로이드는 전기 양을 꿈꾸는가》와 리들리 스콧의 〈블레이드 러너〉를 비교해보는 등 다른 문화 분야의 크리에이터들과도 협업한다.

그 덕분에 김겨울은 서울국제도서전, 와우북페스티벌 등 수많은 책 축제부터 책을 주제로 한 팟캐스트, 대형 서점과 독립 서점, 북클럽과 북카페 등 한국의 책 문화에 상당한 영향력을 행사하고 있는 것으로 보인다. 얼마 전에는 팬들의 끊임없이 이어지는 궁금증을 해소하기 위한 라이브 Q&A를 몇 시간 동안 진행하기도 했다. 그녀는 강연 초청도 자주 받고 있으며, 2018년 초 첫 책《독서의 기쁨》을 시작으로 단독 저서도 여러 권 출간했다.

특히 그녀는 문학, 요리, 사교 등 새로운 문화 트렌드가 한국을 휩쓸 때마다 젊은 여성들이 가장 먼저 찾아보는 사람 중 한 명이다. 그런 점에서 20, 30대 여성의 독서 문화를 대표하는 인물이다(다소 인구 통계학적 측면을 과하게 강조하는 분류이긴 하지만). 인스타그램에서 유행했던 〈런던 리뷰 오브 북스LRB〉 에코백을 어깨에 메고 있는 그녀를 상상해봤다. 물론 난 에코백을 멘 그녀를 실제로 본 적은 없다. 아마 그녀는 여러 출판사와 서점에서 더 문학적이고 예쁜 에코백을 많이 선물받았을 것이다. 그러니 〈런던 리뷰 오브 북스〉 에코백은 그리 매력적이거나 중요한 물건이 아닐지도 모른다.

갑작스레 에코백 이야기를 꺼낸 건 그녀의 활동에서 현대 한국의 문화적, 지적 추구에 자주 가해지는 비판을 떠올릴 수 있었기 때문이다. 그녀는 이미 검증된 유튜브 콘텐츠 형식인 언박싱 영상을 통해 여러 책들을 카메라 앞에서 개봉하고 평가하며 시청자들에게 즐거움을 선사해왔다. 최근 구입한 책이 도착할 때마다 제작하는 '하울 영상'이 대표적이다. 만년필에 대한 그녀의 애정까지 깊이 파고들지 않더라도(자신의 컬렉션에 있는 만년필은 대부분 선물받은 것이라고 그녀는 주장하지만) 앞서 언급한 책과 관련된 많은 물건과 요소들은 실질적인 내용과 숙달보다는 직관적으로 드러나는 스타일과 소비에 치우쳐 있다는 비판을 받곤 한다.

최근 영상에서 그녀는 서가에 있는 가장 얇은 책과 가장 두꺼운 책을 비교했다. 그녀의 젊은 나이를 고려하더라도 이 영상은 진지한 독자라면 충분히 시도해볼 만한 접근처럼 보인다. 이런 점들을 고려할 때 김겨울이 앞선 비판을 들어 마땅한 사람이라고 말하기는 어렵다. 그녀는 디스토피아 소설, 서양 철학, 밀란 쿤데라·가브리엘 가르시아 마르케스·호르헤 루이스 보르헤스·프리드리히 니체(김겨울은 한국에서 니체가 자조적인 작가로 브랜딩된 것을 매우 싫어한다)와 같은 작가들을 소개해왔다(2018년 기준이다). 그 이후에도 겨울서점은 특별히 어떤 종류의 책이나 경향으로 치우치지 않으면서도 자신의 취향을 잘 유지하는 방향으로 활동을 이어왔다. 미국의 문화 비평가들이 너무 강박적이어서 무서워질 정도로 모든 분야를 섭렵하려고 애쓰는 것과는 대조적이다.

겨울서점의 활동은 여전히 읽기 행위 자체에 집중한다. 읽기는 인간에게 단단하고 일반적으로 유용한 참조점을 주는 훌륭한 행위다. 2018년 당시 한국 시청자들은 겨울서점에서 다뤄지던 작품의 비중이 외국 작품, 특히 서구권 작품에 치우쳐 있다는 점을 아쉬워했다. 그럼에도 한국에서 서양 문화가 언급되는 방식, 빈도, 범위는 서구권 사람들이 기대하는 것과는 차이가 있다. 겨울서점의 일부 에피소드에 《데미안》이 종종 등장하긴 하지만, 서구권 사람들이 기대하는 모습대로 그리고 지루하게 많이 등장하지는 않는다.

물론 어느 국가, 어느 문화권의 책을 읽든 독서에 커다란 열정을 품는 것은 즐겁고 놀라운 일이다. 김겨울의 유튜브 채널은 인쇄 시대와 디지털 시대가 교차하는 지점에서, 온라인 콘텐츠를 다양한 맥락에서 소비하는 데 익숙한 시청자를 위해 '책에 대한 영상'을 만들고 있다. 가장 고독한 취미를 매우 대중적인 방식으로 탐구하는 그 채널은 그 자체로 한국의 문화적 상황을 아주 본질적인 측면에서 반영하고 있다. 그렇다면 이쯤에서 질문해보자. 김겨울은 언제쯤 자신만의 에코백 라인을 출시할까?

기생충이라는
깊은 우물

한국인이 국제적으로 중요한 상을 수상하면 한국에서는 그 상이 대한민국을 위해, 심지어 대한민국에 의해 수상된 것처럼 여겨지는 경향이 있다. 올림픽 금메달 같은 경우가 대표적이다. 2000년 김대중 전 대통령의 노벨평화상 수상 이후 또 다른 노벨상 수상에 대한 기대감도 여전히 고조되고 있다. 2016년 맨부커상 인터내셔널 부문은 《채식주의자》의 작가 한강과 영어 번역가 데보라 스미스에게 돌아갔다. 하지만 많은 한국 언론은 그 영광이 한국 문학 자체에 돌아갔다고 평가했다. 지난 10여 년간 한국 영화는 다른 한국 문화 상품에 비해 세계적으로 높은 인지도를 누려왔다. 그럼에도 한국 영화감독이 칸에서 황금종려상을 가지고 돌아온 적은 없었다. 봉준호 감독이 〈기생충〉으로 그 상을 수상하기 전까지는.

이제껏 칸 영화제가 아시아 영화 전반에 가져온 관심을 고려할 때, 많은 시네필들은 한국 영화가 황금종려상을 받기까지 왜 이렇게 많은 시간이 걸렸는지 의아할 것이다. 칸 영화제는 지난 65년 동안 중국 영화에 한 차례(1993년 〈패왕별희〉), 태국 영화에 한 차례(2010년 〈엉클 분미〉), 일본 영화에 다섯 차례 황금종려상을 수여했다(가장 최근인 2018년에는 고레에다 히로카즈 감독의 〈어느 가족〉이 수상했다). 그중 〈어느 가족〉은 가난하지만 유쾌한 유사 가족 집단이 사소한 범죄를 일삼으며 현대 일본 사회의 도시 변두리에서 버티는 이야기를 그린다. 그런 점에서 이 영화는 〈기생충〉과 많은 공통점을 가진다.

〈기생충〉은 주류 영화가 감히 묘사하지 못하던 서울 빈민가를 중심에 놓고 그곳에서 눈치껏 겨우겨우 살아가던 아버지, 어머니, 아들, 딸로 이뤄진 가족의 이야기를 다룬다. 피자 상자 접는 일로 근근이 살아가는 김씨네 가족은 '도둑질'을 할 필요까지는 없지만(적어도 정기적으로는), 낡은 반지하 집에서 잘 잡히지 않는 와이파이 신호 같은 사소한 기회를 놓치지 않으려 애쓰며 살고 있다.

김씨 부부는 영화감독 이창동이 무라카미 하루키의 단편소설을 각색한 영화 〈버닝〉의 젊은 주인공 종수와 거의 같은 수준의 사회경제적 절망에 빠져 있다. 하지만 〈어느 가족〉에 황금종려상을 빼앗긴 〈버닝〉의 삭막하고 편집증적인 시각에 국내 관객들은 다소 불쾌감을 느꼈을 수도 있다. 그에 반해 〈기생충〉은 한국에서 개봉한 이후 바로 열광적인 반응을 얻었다.

봉준호 감독이 〈기생충〉 전에 만든 것은 두 편의 장편영화였다. 그중 하나인 프랑스 그래픽 노블을 각색한 2013년의 〈설국열차〉는 극찬을 받았지만 한국 영화와는 큰 연관성이 없었다. 한 소녀와 그 친구인 거대한 유전자 변형 돼지를 반은 한국적이고 반은 서양적으로 다룬 우화 〈옥자〉(2017년)도 대부분 서구에서 제작되었다. 그런 점에서 국내 언론은 봉준호 감독의 〈기생충〉을 일종의 귀향, 심지어 탕자의 귀환이라고 표현했다.

〈기생충〉은 봉준호 감독이 10년 만에 선보이는 완전한 '한국 영화'다. 배경이 서울을 벗어나지 않고 주요 등장인물 가운데 외국인은 한 명도 없다. 그럼에도 〈기생충〉은 서구권에 대한 깊은 주제적 관심을 담고 있다. 〈기생충〉은 한국인이 부자가 될수록 그 모습은 서양인을 그로테스크하게 패러디하는 방향으로 변해간다는 걸 노골적으로 시각화한다. 〈기생충〉에는 김씨네 외에 또 다른 4인 가족이 등장한다. 그 가족의 아버지는 잡지 표지에 '네이선 박'이라는 이름으로 등장하는 테크 기업의 백만장자이고, 어머니는 어색할 정도로 과시적인 영어로 말하고 교육 강박증에 시달리는 등 공허한 불안감을 가진 인물이다. 그들은 유명 모더니스트 건축가가 콘크리트, 유리, 목재로 설계한 주택에 살고 있다. 그들의 차고에는 벤츠와 레인지로버가 있고 냉장고에는 노르웨이산 생수가 있다.

김씨 가족은 미국으로 떠난 친구로부터 영어 과외를 넘겨받은 아들 기우가 박 사장 부부의 딸과 영어 과외를 시작하면서 박 사장네를 처음 알게 된다. 과외를 하기 위해 기우에게 필요한 건 영어 실력이 아니라 명문대 재학증명서다. 기우의 동생 기정은 포토샵으로 가짜 재학증명서를 만들어준다. 박 사장 가족에게 자신을 '케빈'이라고 소개한 기우는 인디언에 집착하는 박 사장의 어린 아들을 위한 미술치료사 '제시카'로 여동생 기정을 소개한다. 그리고 김씨 남매는 교묘한 방법으로 박씨 부부의 가정부와 운전기사를 자신의 어머니와 아버지인 정숙과 기택으로 바꾸는 데 성공한다.

　　이렇게 줄거리를 요약하면 영화 제목에 암시된 질문이 명확해진다. '기생충'은 정확히 누구일까? 자신들 주변과 세상에 아무런 기여도 하지 않고 호화롭게 살아가는 박씨 부부일까? 말 그대로 박씨 가족에게 붙어서 그들의 부를 빨아먹고 사는 김씨 가족일까? 김씨 가족보다 더 아래에 있는 사람들, 한국 사회의 가장 밑바닥에 거의 보이지 않게 존재하는 사람들은 어떤가?

　　〈기생충〉은 단어 그대로나 비유적으로나 대중에게 알려진 것보다 더 깊은 곳을 바라본다. 1992년 놀라운 반전으로 유명해졌던 영화 〈크라잉 게임〉의 제작자와 마찬가지로 봉준호 감독도 칸의 평론가들에게 영화를 스포일러하지 말아달라고 간청했다. 〈기생충〉의 놀라운 연출, 슬랩스틱 개그, 연속되는 서스펜스, 정교한 세트 구현 등은 〈버닝〉의 마지막을 장식하는 충동적이고 카타르시스적인 폭력 행위와 매우 흡사하게 느껴진다.

봉준호 감독은 스티븐 스필버그와 비교되는 경향이 있다. 하지만 〈기생충〉을 통해 스필버그와 극명하게 대비되는 감성을 지닌 미국의 젊은 영화감독들과 동류로도 인식될 수 있음을 보여줬다. 최근 풍자 공포 영화 〈겟 아웃〉과 〈어스〉로 한국에서 큰 인기를 얻은 조던 필 감독은 자신의 이름을 한글로 올린 것만으로도 4000건 이상의 리트윗을 받았다. 한 영화 안에 다양한 장르를 혼합하려는 필 감독의 작업은 봉준호 감독의 영화를 접해본 사람이라면 누구나 익숙할 것이다. 폭넓은 사회 비판을 지향하는 성향도 마찬가지다. 한국 대중들의 영화 취향에 익숙하지 않은 서양인이라면, 겉으로는 선량해 보이는 환경에 갇힌 흑인들이 돌연 치명적인 적대감을 품는 필의 날카로운 이야기를 한국 관객이 어떻게 받아들일지 궁금해하겠지만.

그러나 한국에는 적어도 1992년 로스앤젤레스 폭동까지 거슬러 올라가는 미국의 문제적 인종 관계에 대한 커다란 관심이 존재한다. 한국 관객들은 이러한 이야기를 담은 영화를 보고 어느 정도 만족감을 느낄지도 모른다. 자신의 조국이 모든 면에서 미국보다 열등하다고 믿고 자랐더라도, 적어도 흑인과 백인 사이에 존재하는 깊고 폭발적인 혐오감은 없다는 사실에 안도감을 느낄 수 있다. 그 안도감이 정당하든 정당하지 않든 간에 말이다.

하지만 한국의 계급 격차에 대한 영화적 비평은 미국의 인종 격차에 대한 비평과 거의 동일한 어조로 이루어지고 있다. 봉준호 감독의 다른 영화에서와 마찬가지로. 〈기생충〉 역시 피비린내 나는 마지막 장면에서 어떻게든 살아남은 인물들의 결말이 좋지 않다. 김씨 부부가 그토록 탐내던 박 사장네의 웅장한 저택은 부유한 한국인도, 가난한 한국인도 아닌 서양인이 차지하게 되지만 말이다.

비웃는 일본인과
회의적인 미국인 앞에서

나는 지난 몇 달 동안 한 명의 할머니, 그리고 그녀에게 마지못해 영어를 가르치는 젊은 공무원이 나오는 영화 〈아이 캔 스피크〉를 봐야겠다고 설득당해왔다. 처음에 그 영화는 한국 버전의 〈해롤드와 모드〉(젊은 남자와 할머니가 등장하는 모험담)처럼 보였다. 하지만 이후 자세한 기사와 광고가 나오면서 사람들은 금방 이 영화가 훨씬 복잡한 영화임을 알아차렸다. 곧 이 영화가 오늘날 한국에서 가장 위험하고 첨예한 논란거리 중 하나인 2차 세계대전 당시 일본군을 위해 성매매를 강요당한 어린 소녀들인 '위안부' 문제를 다루고 있다는 소문이 퍼져나갔다. 이 문장, 특히 '강요'라는 단어를 타이핑하는 것만으로도 국제적인 사건을 촉발할 것 같은 기분이 든다.

처음 서울을 방문했을 때 난 몇 번의 약속이 있어서 일본 대사관 근처에 간 적이 있다. 당시 그 건물은 감옥처럼 음침했고 최근에야 철거되었다. 나는 상징적인 청동 위안부 동상(공식 명칭은 '평화의 소녀상')이 그 근처에 설치되어 있다는 사실은 일찍이 들어 알고 있었다. 하지만 그 동상이 일본 대사관 길 건너편에 앉아 차분하게 항의하는 눈빛을 보내고 있는 줄은 상상도 못 했다. 일본 정부는 2011년 처음 등장한 소녀상에 대해 몇 번이고 철거를 요청했지만 아무 소용이 없었다. 젊은 자원봉사자들이 24시간 소녀상을 지키고 있고, 25년 넘게 매주 수요일에는 일본 대사관 앞에서 시위가 열리고 있다. 이 시위에는 생존해 계신 위안부 할머니들이 직접 참여한다.

일본군 위안부 기념물은 세계 곳곳에 세워져 있다. 동아시아 문제에 익숙하지 않은 사람들이라면 일본 제국주의 군대와 그들의 인신매매 행위가 왜 여전히 관심의 대상이 되고 있는지 의아할 수도 있다. 하지만 현재 한국이 항의하는 것은 이러한 전시 범죄에 대한 일본의 공식적인 태도다. 그 범죄 자체에 대한 기억은 사람들의 머릿속에서 점점 사라지고 있지만. 일본은 한국뿐만 아니라 중국, 필리핀, 네덜란드령 동인도 제도 등에서 약 2만 명에서 40만 명에 이르는 어린 소녀들을 강제로 데려가 노예로 삼았다. 그럼에도 일본은 자신들의 범죄를 제대로 사과하거나 인정하는 것을 일관되게 거부해왔다.

일본인만 일본의 입장을 옹호하는 것은 아니다. 박유하 세종대 일문과 교수가 2013년 발간한 《제국의 위안부》에 대해 아홉

명의 위안부 할머니가 소송을 제기했고 2017년 명예훼손 혐의에 대한 무죄 선고가 났다. 알 자지라 방송의 스티븐 브로윅은 "박 교수가 역사적 문서와 위안부의 증언 녹취록을 광범위하게 조사해서 일부 여성들이 기꺼이 일본군과 함께 일했고, 여성들을 모집하기 위해 노력한 한국인 협력자들이 있었다는 증거를 발견했다"고 말했다. 그러고는 "이는 모든 여성이 일본군에 의해 동원된 것은 아니라는 의미"라고 설명했다. "박 교수는 많은 위안부 할머니들이 고통을 겪었고 일부는 본인의 의사에 반해 끌려갔다는 사실을 부인하지 않는다"고 주장한다. 하지만 그녀의 이야기에 담긴 뉘앙스는 오랫동안 인정되어온 명백한 '피해자 서사'에서 벗어나고자 하는 듯하다.

〈아이 캔 스피크〉에는 2007년 미국 하원 청문회에서 위안부 할머니들에게 사죄하고 역사의 어두운 부분을 학교에서 가르치라고 일본 정부에게 요구한 '결의안 121'을 모티브로 삼은 장면이 나온다. 하지만 〈아이 캔 스피크〉는 일본 정부의 범죄나 한국 정부의 공모 문제를 직접적으로 다루지 않는다. 대신 구청에서 민원 담당으로 일하는 서른 살의 박민재와 매일 사소한 민원을 넣으러 구청을 찾는 나옥분 할머니의 관계에 러닝타임 대부분을 할애한다. 어린 시절 미국으로 입양된 동생과 소통하기 위해 영어를 배우고 싶었던 그녀는 민재가 유창하게 영어를 구사하는 것을 우연히 듣고는 영어를 가르쳐달라고 한다. '도깨비 할

매(할머니)'라는 별명을 얻을 정도로 공격적으로 민원을 제기해온 옥분에게서 벗어나고 싶었던 동료들은 이 제안에 흔쾌히 동의한다.

한국의 사회적 관습에 따라 일정 연령 이상의 여성은 '할머니'로 불리지만, 사실 옥분에게는 자식이나 손자는 물론 어린 시절 입양되어 미국인이 된 동생을 제외하면 가족이 전혀 없다. 영화에 대한 소문을 들어본 사람이라면 대부분 그 이유를 짐작할 수 있을 것이다. 위안부로서 전쟁을 겪으며 생겨난 정신적, 육체적 트라우마는 낡은 시장 한구석에서 참견쟁이 재봉사로 살아가는 옥분을 별 볼일 없는 존재라고 비난해왔다. 또 다른 주요 인물인 민재는 건축가 지망생이었지만 부모의 죽음으로 학업을 중단하고 10대 동생을 돌봐야 하는 자신의 삶에 많은 불만을 품고 있다. 옥분은 위안부 할머니들의 고난뿐만 아니라 많은 한국 노인이 겪고 있는 외롭고 위태로운 상황을, 민재는 젊은 세대의 억눌린 꿈을 보여준다.

이 영화는 또한 도시 개발로 인한 원주민의 이주, 때때로 폭력적이기까지 한 퇴거, 그리고 영어 학습에 대한 사회적 압력과 같은 21세기 한국의 또 다른 삶의 주제와도 연결된다(민재는 어떤 장면에서 시장 주민들을 협박해 퇴거시키려는 깡패를 쫓아내기 위해 공무원으로서의 권력을 이용한다). 그런 점에서 이 영화는 김성수 감독의 〈영어완전정복〉을 전례로 삼는다. 그 영화 또한 한국인이 벌이는 영어와의 투쟁을 다루고 공무원 주인공을 등장시킨 바 있다. 2003년에 개봉한 〈영어완전정복〉이 슬랩스틱이 가미된 '얼간이 코미디'라는 당시의 트렌드를 잘 보여준다면, 2017년 개봉한 〈아이 캔 스피크〉는 표면적으로는 가벼운 이야기처럼 보이지만 실제로는 한국인의 비극을 소재로 삼는 최근의 트렌드를 잘 보여준다. 2016년 개봉한 〈로봇, 소리〉가 로봇과 친구가 된 한 남자의 이야기지만, 실제로는 대한민국에서 가장 많은 희생자를 냈던 지하철 참사에 관한 이야기인 것처럼.

웃는 얼굴의 주인공이 기자를 1980년 광주 학살 현장으로 안내하는 〈택시운전사〉도 마찬가지다. 이 영화와 〈아이 캔 스피크〉는 모두 영어가 글로벌 이슈뿐만 아니라 지역적, 국지적 이슈를 해결하는 데도 사용할 수 있는 언어라는 한국적 가정을 반영한다. 영화에 등장하는 택시 승객은 엄밀히 말하면 독일인이지만 영어만 구사하고, 옥분은 결국 새로 습득한 영어 실력을 LA에서 동생과 대화하는 데에만 사용하지 않는다(그녀는 LA가 로스앤젤레스와 같은 곳임을 배우지 못한다). 옥분은 워싱턴 DC에서 열린 결의안 121 채택을 위한 청문회 증언에 영어를 사용한다. 당연하게도 영화는 옥분이 회의적인 미국인들과 비웃는 일본인들 앞에서 증언하게 만든다. 이후 옥분은 청문회에서 만난 일본인을 직접 마주하고 호되게 꾸짖는다. 식민지 시대를 겪은 대부분의 한국인처럼 옥분은 집 밖에서 일본어를 사용하며 자랐을 것이다. 그리고 그때부터 식민지 지배자들을 향한 분노를 품고, 언제든 폭발할 준비가 되어 있었을 것이다.

일제 식민 통치하의 한국인에 대한 현대적 통념에 따르면, 그녀는 적어도 소수의 비굴한 협력자와 수많은 분노한 애국자로 구성된 민족에 속한다. 그것이 넓은 의미에서는 사실일지 모르지만, 어떤 역사의 장이든 깊고 바르게 연구하면 복잡한 문제가 드러난다. 현대의 한국을 살아가는 한국인들이라면 모두 듣고 싶어 하지 않을 문제다.

〈아이 캔 스피크〉에서 다루는 문제는 복잡하고 여전히 현재진행형이다. 옥분은 자신과 동료 위안부 피해자들이 일본에 요구하는 것은 '진심 어린 사과'뿐이라고 주장한다. 두 이웃 국가의 간극을 드러내는 문구다. 2015년에 이뤄진 공식 사과와 830만 달러의 배상금 지급 등 형식을 중시하는 일본으로서는 한국인들이 더 이상 무엇을 요구할 수 있냐며 답답해하고 의문스러워할 수 있다. 하지만 한국에서는 다양한 맥락에서 일본이 불성실하다는 비난이 자주 터져 나온다. (일본에서 살거나 공부한 경험이 있는 한국인들은 결국 같은 불만을 다양한 방식으로 변주해 토로한다. "일본인들의 마음을 이해할 수 없다.") 등장인물들이 서로를 향해 눈물을 흘리는 장면으로 가득한 〈아이 캔 스피크〉는 2016년 개봉한 시대극 〈귀향〉보다 더 미묘한 감정을 담고 있다. 그럼에도 〈아이 캔 스피크〉의 감정 과잉을 비난하는 사람은 거의 없을 것이다.

노재팬을
이해하기 위하여

한국인은 일본을 싫어한다. 한국에 대해 거의 모르는 사람들도 알고 있는 사실이다(한국은 매운 음식, 대중음악, 성가신 이웃이 있는 나라 아니야?). 하지만 최근 몇 년 동안 한국에서는, 적어도 80세 미만인 한국인에게서는 공개적인 반일 감정을 두드러지게 찾아보기 어려웠다. 외부에서 지켜본 사람이라면 한국인이 정말 일본을 싫어하는 게 맞느냐고 반문할 정도였다. 일제강점기의 고통을 기억하는 마지막 세대가 사라지면 반일 감정이라는 경향이 완전히 사라지지 않을까?

그러나 그런 물음이 멋쩍어질 정도로 몇 주 동안 일본에 대한 한국인의 분노는 새로운 생명을 얻었다. 그 감정은 지난 목요일(2019년 8월 15일) 서울 도심을 가로지르는 항의 행진에서 절정에 달했다. 공교롭게도 그날은 남과 북의 한국인 모두가 일본의

2차 세계대전 패배와 한국의 해방을 기념하는 광복절이었다.

당시 나는 한국을 떠나 있었음에도 한국 뉴스를 놓치지 않고 챙겨 보았다. 그러면서 일본과의 '무역 전쟁' 문제가 상당히 심각한 방식과 수위로 커졌다는 느낌을 받았다. 인천공항에서 서울로 돌아오는 지하철 안의 텔레비전 화면에는 일본과 관련되지 않은 다른 뉴스는 거의 나오지 않았다. 아이러니하게도 지하철 벽 위로 새로 일본 도시들에 취항한 한국 저가 항공사의 광고가 보였다. 동네에 돌아와 보니 거리 곳곳에 반일 포스터가 붙어 있었다. 심지어 같은 옷을 입은 대학생들이 일본 불매운동을 지지하는 춤을 추는 모습도 보았다. 집으로 돌아가는 길에 들려온 목소리 중 상당수가 일본어로 된 구호였다. 그렇기 때문에 실제 서울에 사는 일본인들은 불편함을 느낄 수밖에 없었을 것이다.

이 모든 것에 대해 내가 처음으로 진지하게 떠올린 생각은 딱 하나였다. 그건 상대적으로 덜 정치적인 한국인들 대부분이 공유하는 생각이었다. "유니클로에서 세일을 하는지 빨리 확인해야겠는데?" 일본 의류 체인점인 유니클로는 일본 불매운동에 동참하는 한국 소비자들이 가장 먼저 타깃으로 삼은 기업 중 하나다. 고급 생활용품점인 무인양품, 할인점 다이소, 심지어 일본에 널리 퍼져 있어 일본 브랜드로 착각하는 사람들이 있는 세븐일레븐도 마찬가지다. 심지어 2011년 후쿠시마 제1원전 사고 이후 일본 전역이 방사능 위험에 노출되어 있다는 믿음이 확산했다. 그 때문에 일본을 찾는 한국 관광객도 점점 감소하고 있었다(다른 선진국에서는 보기 드문 현상이다). 소셜 미디어에서는 일본인의 출입을 거부하는 업소의 팻말 사진도 퍼졌다. 한 중년 남성은 자신의 렉서스를 부수고 일본 자동차를 소유한 것이 부끄럽다고 외치는 영상을 공개해 화제가 되기도 했다.

한국에서 일어났던 그 사태의 원인은 무엇일까? 가장 단순하고 일반적인 설명은 일본이 한국을 화이트리스트(우대 무역 파트너 목록)에서 제외했다는 것이다. 일본 정부는 한국의 거대 전자 기업들이 반도체와 디스플레이 등 주요 수출품을 제조할 때 쓰는 몇몇 화학물질의 수출을 규제했다. 북한과 관련된 국가 안보가 그것에 대한 모호한 이유였다.

한국 전문가들은 아베 신조 일본 총리의 결정을 '경제 침략', '무역의 무기화'라는 프레임으로 보았다. 일부에서는 이러한 분노가 일본 국민도, 일본 국가 자체도 아닌 아베 총리를 겨냥한 것임을 강조한다. 서울 곳곳에 붙은 포스터, 현수막, 전단에는 아베 총리의 사진과 함께 "NO 아베"(보통 아베 총리의 얼굴이 그려진 일장기 디자인이다), "일본, 살인자"와 같은 메시지가 적혀 있다. 그들에 따르면 일본을 향한 불매운동은 아베의 잘못된 행동을 비판하기 위한 것이다.

아베는 일본이 한때 우위를 점했던 주요 산업에서 한국에 추월당할까 걱정할 뿐 아니라 북한과의 평화 협상 과정에서도 소외될 것을 우려하고 있다. 또한 식민지 시대에 강제징용된 한국인들에게 배상금을 지급하라는 한국 대법원의 판결에 대해 보복하려는 인상도 준다.

강제징용 문제는 전쟁 중 성노예로 동원된 일본군 종군 '위안부' 문제와는 완전히 별개의 사안으로 최근 들어 자연스레 더 많은 관심을 받고 있다. 일본의 공식 입장은 1965년 한국에 5억 달러를 지원함으로써 이미 그 빚을 갚았다는 것이다. 어떤 경우에도 한국에 대한 사과는 이뤄지지 않을 것으로 보인다. 여전히 많은 한국인들이 일본 불매운동에 매우 헌신적으로 참여하고 있다. 이런 상황에서 역사적으로 일본과 관련해 쌓인 감정적인 불만이 국가 안보와 무역 분쟁만큼이나 한국 내에서 중요한 역할을 하고 있다는 사실을 누가 부정할 수 있을까?

그럼에도 광복절 시위가 본격적인 시험대에 오르기 전까지는 최근의 반일 감정이 어느 정도인지 가늠하기 어려웠다. 박근혜 전 대통령의 퇴진을 요구하며 거리로 나왔을 때처럼 100만 명에 달하는 사람이 모였다면 그들은 문재인 대통령에게 일본과의 무역 전쟁을 결정지을 권한을 부여할 것이 분명했다. 무더운 여름 날씨에도 아침부터 라디오에서 애국가가 흘러나오는 등 분위기는 확실히 그럴 것 같았다. 하지만 한국의 발전된 시위 문화에도 불구하고 이번 시위는 기대에 크게 미치지 못했다. 사람들은 촛불과 "NO 아베"라고 적힌 팻말을 들고 거리로 나왔다. 하지만 그 수는 100만 명에 많이 미치지 못했고, 친통일 시위대, 반문·친박 시위대, 친트럼프·친미 시위대, 심지어 "아베 포에버!"

를 외치는 몇몇 용감한 영혼들까지 다양한 사람들이 나타나 물을 흐렸다. 한국의 여러 시위가 흔히 그렇듯 말이다.

서구권 국가의 평범한 관찰자라면 이 모든 것에 대해 여러 가지 의문을 가질 것이다. 한국과 일본의 경제적 의존성(예를 들어, 일본산 화학물질은 한국산 전자부품에 들어가거나 한국으로 수출되는 일본 제품에 곧바로 사용되는 경우가 많다. 그중 상당수는 한국으로 역수출되고 있다. 적어도 과거에는 그랬다)과 중국의 부상을 고려할 때 한국과 일본의 모든 갈등의 핵심에는 정확히 무엇이 있을까? 글로벌 공급망에 심각한 혼란이 초래된다면, 지금까지 이 문제에 거의 관심을 보이지 않았던 미국이 개입하게 될까? 한국의 유명 운동선수들은 내년 도쿄 올림픽을 앞두고 수년간 훈련에 매진해왔다. 그런데 도쿄 올림픽이 코앞으로 다가온 지금 한국은 이 불매 운동을 어디까지 밀어붙일 수 있을까? 어떻게 일본은 북한 대신 더 나쁜 나라가 되었을까? 겉보기에는 충분히 서로 협력할 수 있을 것 같은 한국과 일본이 협력하지 못하는 이유는 무엇일까?

일본에 거주하는 한 언론인 친구가 말했듯이 한국과 일본이 협력하는 것은 슬랩스틱으로 유명한 코미디 팀인 스리 스투지스Three Stooges와 말장난으로 유명한 코미디 팀인 막스 형제들이 함께 공연하는 것만큼이나 상상하기 어려운 일이다. 두 팀의 스타일이 천지 차이이기 때문이다. 그만큼 두 나라는 관계의 골이 깊다. 반일 감정이 없는 대한민국은 대한민국이 아닐 수도 있다.

적어도 일본을 향한 외적인 분노('한국인은 일본을 싫어한다')가 분열된 한국 사회를 하나로 묶어주는 몇 안 되는 공통분모라는 관점에서 보면 그렇다. 그런 의미에서 이러한 시위는 일종의 국가적 결속을 장려한다.

하지만 한국의 어떤 정치인이나 학자에게는 여전히 일본 관련 역사는 공개적으로 언급하기 민감한 주제다. 광복절 시위를 보면서 나는 한국으로 이사 와 처음 경험했던 시위를 떠올렸다. 그 시위는 당시 박근혜 정부가 추진 중이던 역사 교과서 개정을 포함한 일련의 이슈를 대상으로 한 것이었다. 한 나라를 특정 역사에 대해 대체로 동의하는 사람들의 무리로 정의한다면, 과연 한국은 어떤 나라라고 말할 수 있을까?

아마도 이건 역사가 그리 오래되지 않은 민족국가에서 충분히 예상할 수 있는 일일 것이다. 반일주의자들의 광복절 퍼레이드에 대한 실망이 어떠하든, 외부인이자 미국인으로서 나는 한국이 미국의 안보 울타리 밖에서 머뭇거리듯 취하는 모든 조치에 대해 놀라움을 금치 못한다. 일본을 비롯한 전 세계가 보기에 한국은 과거에 집착하는 것 같을지도 모른다. 물론 더욱 중요한 것은 미래에 대한 질문이다. 예를 들어 이와 같은 질문 말이다.

더 이상 거대한 단일 질서로 통합되지 않는 세계, 한 국가가 스스로의 힘으로 안보를 보장해야 하는 세계에서 한국은 어떤 나라가 될까? 약자의 위치에 익숙한 한국은 그동안의 발전에 자부심을 갖고 있다. 그러나 그 자부심이 더는 약자가 아닌 한국의 위치에 대한 이해로 곧장 이어지는 것은 아니다. 한국에 오래 살수록 궁금해지는 것은 바로 이 나라가 마침내 스스로의 힘을 깨달았을 때 과연 어떤 모습일까라는 것이다.

응답하라 1987

적어도 일주일에 한 번 나는 이한열 기념관이라는 곳을 지나간다. 이한열 기념관은 주택가 골목길에 있는 별 볼일 없는 건물에 있음에도 매번 눈길을 사로잡았다. 맨 처음에는 이한열이 누구인지 알지 못했다. 물론 이름 옆에 적힌 1966~87년이라는 연도가 이미 큰 역사적 힌트를 주고 있었다. 1950년에 태어난 미국 남성이 1968년에 사망했다면 베트남전쟁이 떠오르고, 20년 후에 사망했다면 에이즈가 자연스레 떠오르는 것처럼.

마찬가지로 한국의 전후 베이비붐 시기인 1960년대 초중반에 태어난 한국 남성이 1980년대에 사망했다면 자연스럽게 그가 한국 민주주의에 몸을 바친 열사에 포함되는지 짐작해보게 된다. 이한열은 열사의 명단에서 거의 가장 위에 적혀 있다. 사실 나는 그의 실제 이름은 몰랐다. 하지만 영화 〈1987〉을 통해 그의 죽음에 대해서는 이미 알고 있었다.

몇 주 전 건물 외벽에 영화 〈1987〉의 포스터가 붙기 전까지는 이한열 기념관에 대해 특별히 생각할 일이 없었다. 개봉을 앞두고 몇 달 동안 광고되었던 이 영화에는 유명한 스타들이 총출동한다. 영화는 1987년 1월, 동료 운동권 학생들의 행방을 파헤치다가 당국에 구금된 서울대 학생 운동가 박종철이 치명적인 고문을 당한 장면에서부터 시작된다. 그리고 이한열 열사가 최루탄에 맞아 사망한 직후인 그해 6월을 다루면서 끝이 난다. 이 이야기는 특히 '6월 항쟁'으로 알려진 서사를 반영한다. 한국 정치사에 한 자리를 차지하고 있는 그 시위는 한국이 군사 독재에서 민주주의로 이행하는 데 가장 중요한 역할을 한 사건 중 하나였다.

이 영화는 한국전쟁과 20세기 말의 고난을 소재로 한 인기 한국 영화들의 대열에도 포함될 수 있을 것이다. 양우석 감독의 〈변호인〉은 대통령으로 재임하기 한참 전인 1980년대에 법정에서 억울한 피고인들을 변호했던 노무현 변호사의 이야기를 통해 그 무렵 한국을 뒤덮었던 반공 포비아의 폐해를 극화했다. 장훈 감독의 〈택시운전사〉는 1980년 5월 광주 학살을 취재하기 위해 독일 기자를 태우고 광주에 들어간 택시 기사의 시선을 다룬 작품이다. 김현석 감독의 〈아이 캔 스피크〉는 2차 세계대전 당시 일본군 '위안부'로 끌려간 한국 여성들의 상황을 다루었다. 그보다 훨씬 이전에는 18년간 개발주의 독재자로 군림한 박정희 전 대통령을 중앙정보부장이 암살하는 과정을 다룬 임상수 감독의 블랙 코미디 영화 〈그때 그 사람들〉도 있었다. 2005년에 개봉한 이 영화는 실제 시위 장면을 담은 다큐멘터리 영상을 허구적인 이야기에 삽입했다는 이유로 박 전 대통령의 아들에게 소송을 당하기도 했다. 반면 최근 영화들은 역사적 기록과의 유기적인 결합을 포인트로 삼는다. 영화 〈택시운전사〉에는 광주 학살의 실제 영상이 등장하고, 〈1987〉에는 이한열과 연세대학교 학생 몇 명이 만화 동아리 회원으로 변장해 블라인드 뒤에서 몰래 광주 학살 테이프를 상영하는 장면이 나온다.

또한 영화는 엔딩 크레디트과 함께 6월 항쟁 시위를 담은 다큐멘터리 영상과 실제 이한열 열사의 옷과 신발(이한열 열사 기념관에서 볼 수 있다)을 보여주며 앞서 언급한 재현의 신뢰성을 강조한다. 슬로모션이 걸린 영화 속 사망 장면은 실제 이한열을 찍은 상징적인 사진과 매우 흡사한 이미지로 표현된다. 그 사진 속에서 중상을 입은 이한열 열사는 동료 시위대의 부축을 받고 있다. 이 장면은 연세대학교 정문에서 촬영되었다는 점에서 스산한 느낌을 주기도 한다. 이 글을 쓰는 동안 나는 커피숍 창문을 통해 길 건너편에 있는 연세대학교 정문의 풍경을 바라보았다(이곳은 1980년대에 실제 존재했던 커피숍이다). 나는 바로 그곳 근처에 살고 있지만, 학생과 군인 간의 유혈 충돌 장면을 촬영했다는 사실을 전혀 눈치채지 못했다. 한국의 중산층도 시위가 실제로 일어나고 최루탄 연기가 피어오를 당시에는 시위를 눈치채지 못했거나 어쩌면 눈치채지 않으려고 애썼을지도 모른다.

1960년대 태어난 '86세대'는 한국의 민주화 혁명을 이끈 주역으로 평가받는다. 역사학자들은 그들 개개인이 얼마나 많은 변화를 가져왔는지를 두고 영원히 논쟁을 벌일 것이다. 열광적으로 행동에 나선 학생들을 직접 관찰한 P. J. 오루크P. J. O'Rourke는 그들의 요구 뒤에 숨어 있는 묘한 순환 논리를 인상적인 기록으로 남겼다. "하지만 민주주의란 무엇인가?" "좋은 것이다." "물론 그렇다. 하지만 정확히 왜 그런가?" "그게 더 민주적이니까!"

어쨌든 이 정도 규모의 정치적 변화는 무엇보다 안정을 중시하는 것으로 알려진 부르주아 계급을 끌어들여야만 가능하다. 달리 말해 중산층이 원할 때에만 비로소 변화가 찾아오는 것이다. 이한열과 박종철 같은 대학생들의 죽음이 널리 알려지면서 한국의 중산층들이 사회문제에 눈을 뜨고 시위와 그 운동에 주목했던 걸 보면 알 수 있다. "한국에서는 대중의 감정이 일정한 임계점을 넘어서면 의사결정과 기존의 법을 찢어버릴 만큼 강력한 야수로 변한다." 《한국, 한국인》을 쓴 마이클 브린은 외교 전문지 〈포린 폴리시Foreign Policy〉에 이렇게 썼다. 이 '국민 정서'라는 야수는 한국의 "집단적 영혼이며, 최고의 것으로 간주된다." 한국인들은 "국민 정서는 법 위에 있다"고까지 말한다.

브린의 글은 박정희의 딸이자 2013~17년 대한민국 대통령이었던 박근혜가 몰락한 직후 나왔다. 국민들은 "대통령이 조종당하고 있고, 사실상 대중에게 전혀 알려지지 않은 여성에게 지시를 받고 있다는 TV 보도를 접했다." 그 소식이 알려진 몇 주 후 대통령은 탄핵되었다. 그건 서양인이 생각하는 민주적 절차의 표준적인 속도보다 훨씬 더 빠르게 일어난 일이었다. 순전히 국민 정서 때문이었다. "지금 야수가 분노하여 깨어난 이유는 박 대통령이 이단의 길로 들어섰기 때문이다. 그녀는 국민이 아닌 친구 최순실을 제단에 올려놓고 그 앞에 엎드려 절했다. 그렇게 함으로써 '내 앞에 다른 신을 두지 말라'는 첫 번째 계명을 어겼다."

영화 〈1987〉에서는 박종철 열사의 죽음에 대한 수사가 이뤄지고 그를 통해 한국의 국민 의식이 각성한다. 그리고 그 각성을 가능하게 만든 검사, 의사, 교도관, 기자 등 다양한 일상적 인물들이 등장한다. 영화 속 인물들은 실화를 바탕으로 연기를 펼쳤고, 긴장감 넘치는 현대 TV 범죄물처럼 이야기가 전개되었다.

하지만 이 영화에서 주인공에 가장 가까운 캐릭터는 1990년생 배우 김태리가 연기한 연희라는 대학생이다. 연희는 실제 인물에 기반한 인물은 아니다. 하지만 교도관인 삼촌이 남긴 비밀 메시지를 전달하는 과정에서 경찰과 난투극을 벌이며 이한열과 가까워지는 등 영화의 여러 실타래를 하나로 묶어주는 중요한 역할을 수행한다. 연희는 유재하(정치적 희생자는 아니지만 1987년에 세상을 떠난 중요한 인물)의 음악을 듣는 장면 등을 통해 시대적 배경을 설정하는 것에 도움을 준다. 또한 연희는 〈1987〉을 보러 온 상대적으로 젊은 관객들이 자신의 감정을 이입하고 공감하는 캐릭터가 된다.

〈1987〉과 같은 영화는 주류 역사 창작물이 가진 힘을 증명하면서 과거에 대한 인식을 다시금 구체화한다. 그리고 때로는 고압적으로, 때로는 부드럽게 그 힘을 사용한다. 이 영화는 훨씬 다른 맥락에서 쓰인 토머스 제퍼슨의 말을 떠올리게 한다. "자유의 나무는 애국자와 폭군의 피로 때때로 새로워져야 한다." 자유는 현대 한국의 민주주의만큼이나 선명하면서도, 동시에 어떤 제약도 적용되지 않는 특이한 존재다. 자유를 생각할 때 내가 떠올리는 것은 영화에서 모든 집무실 벽에 사진으로 걸린 채 무표정한 얼굴로 내려다보는 장군 출신 전 대통령 전두환이다. 이 글을 쓰던 2017년 그는 연세대학교 정문에서 불과 1.6킬로미터쯤 떨어진 곳에서 경찰의 경호를 받으며 여전히 잘 먹고 잘 사는 중이었다. 그리고 2021년 죽었다. 사과도, 잘못에 대한 인정도 없이.

:
.

황석영이라는
근현대사

독일 통일은 항상 북한과의 관계에 관심이 많은 한국인들 사이에서 오랫동안 화제가 되어왔다. 베를린 장벽이 무너졌을 때 황석영은 그 현장을 직접 목격한 몇 안 되는 한국인 중 한 명이었다. 황석영은 주로 소설가로 알려져 있지만, 반세기가 넘는 경력 중 초기 수십 년은 정치 운동에도 많은 에너지를 쏟았다.

베르소 출판사에서 안톤 허와 소라 킴 러셀의 영문 번역으로 출간된 회고 에세이 《수인The Prisoner》에서 스스로 인정한 것처럼, 그는 종종 두 가지 일 사이에서 균형을 잡는 데 실패했다. 독일 체류기가 책의 초반부에 나오는 등 시기가 뒤섞여 있기는 하지만 한국에서 두 권으로 출간된 원고를 압축한 624쪽 분량의 영어본은 궁극적으로는 완전한 자서전 형태를 이뤘다. 그는 자신의 삶에서 수집한 여러 에피소드를 한국 정부에 의한 반세기 동안의 정치적 투옥이라는('수인'이라는 제목에서 알 수 있듯이) 서사로 엮어나간다.

　이 책은 미국 출판계가 꾸준한 관심을 보여온 북한에서의 포로 생활이 아니라 남한에서의 수형 생활에 대한 회고록이다. 물론 이 책은 황석영이 처음 하게 되었던 수감 생활에 빌미를 제공한 북한 여행기도 일부 담고 있다. 일반 한국인에게도 해외여행이 허락된 1989년, 황석영은 북한으로 여행을 떠났다. 그전에도 그는 이미 해외여행이라는 한국에서는 보기 드문 경험을 가지고 있었다. 1985년 당시 서독의 초청을 받아 그곳을 방문한 것이다. 서독에서 그는 자신의 불확실한 정체성에 대한 고민에 빠졌다. "나는 마흔세 살이었다. 당시 네 권의 중단편집과 한 권의 희곡집을 냈고 1974년부터 십 년 동안 많은 독자들의 사랑을 받으며 연재한《장길산》의 열 권을 막 출간했던 참이었다. 그러나 나도 내 작품도 바깥세상에서는 존재하지 않았다."(1권 32쪽)

　'첫 해외여행을 떠난 시골뜨기'였던 황석영은 독일에서는 "내 문학 이야기 따위는 꺼내지도 말고 우리 땅에서 고통받는 수많은 사람들과 광주의 이야기를 전파할 것을 스스로 다짐했다."(1권 68쪽) 한국의 한 도시에서 9일간 지속된 시위대와 군대 간의 폭력적인 충돌, 광주 민주화 운동 또는 광주학살이라고 불리는 사건이 황석영이 독일을 방문하기 5년 전에 발생한 것이다. 그 당시 황석영이 광주에 거주하고 있었다는 것은 역사적인 사건에 개입하는 그의 신묘해 보일 정도의 재능을 보여준다. 행운인지, 불행인지 본격적인 전투가 일어나기 전 또 다른 운동 조직이 그를 서울로 불러들였다. "내가 공교롭게도 항쟁 직전에 상경하여 그 현장에서 함께하지 못했다는 점이 광주 사람들에게 늘 미안했다."(2권 400쪽) 그는 글을 통해 그 죄책감을 해소하려고 노력했다고 고백한다.

살아남은 시위대와 그 지지자들의 증언을 모아 비밀리에 출간한 광주 민주화 운동에 대한 황석영의 작업은 그에게 큰 후유증을 남겼다. 그 작업은 그가 독일을 처음 방문하게 된 동기이기도 했다. 출판 작업 이후 상당 기간 감옥에서 신문을 받은 그는 잠시 한국을 떠나면 "유언비어 유포"(1장) 혐의를 피할 수 있다는 이야기를 듣게 된다. 그는 결국 한국을 떠나 유럽뿐 아니라 일본과 미국에서도 통일을 염원하는 단체들을 만났고, 한국에 귀국하자마자 다시 체포되어 신문을 받았다. 그 당시 정부는 국가보안법 위반 여부를 염두에 두었던 것으로 보인다. 국가보안법은 "1948년 남과 북에 분리된 정부가 수립되면서 집권당의 독주로 제정되었다. 국가보안법은 북한이 국가가 아니라 반국가단체라는 전제에서 시작한다."(1권 16쪽)

1991년 한국은 북한과 유엔에 동시 가입함으로써 북한의 국가성을 암묵적으로 인정했다. 하지만 국가보안법은 "국내법으로는 철폐되지 않았기 때문에 아직 유효하다. 이 반국가단체를 조금이라도 긍정적으로 표현하거나 동조하면 '고무찬양죄'가 되어버린다."(1권 16쪽) 일본에서 강연을 하던 황석영은 한 청중의 날카로운 질문을 듣고 더 직접적인 행동을 고민하게 된다. "무조건 나는 공산주의를 반대하므로 멸공통일을 해야 된다라고 말하면 끝나는 걸까. 나는 한국전쟁 당시 남과 북에서 죽어간 사람들과, 지금까지 알게 모르게 이 경계의 금기를 깨뜨렸다가 갇히고 처형당한 사람들, 그리고 광주에서 민주화를 요구하다 죽은 시민들을 생각했다"(1권 79쪽)고 그는 말했다.

황석영은 글을 마무리하며 스스로를 이렇게 평가한다. "이 경계를 어떻게 해서든 넘어서지 않으면 나는 더 이상 작가도 뭣도 아니었다."(1권 79쪽) 사실 그는 어린 시절, 민족 분단이 진행 중이던 무렵, 가족이 남쪽으로 탈출하는 과정에서 이미 한 번 38선을 넘은 적이 있었다. 그의 가족이 북한에서 왔다는 점에서 황석영은 북한인이지만, 사실 그는 1940년대 초 한국과 마찬가지로 일본의 식민지였던 만주에서 태어났다. 2차 세계대전이 끝나고 한국으로 돌아온 이후에도 역사는 그를 가만두지 않았다. 성장기에도 한국전쟁으로 인해 여러 차례 이사를 다녔던 그는 불타버린 서울의 폐허 속에서 동네 친구들과 놀거나 가족과 함께 대구에 잠시 정착했던 시기의 생생한 기억을 여전히 간직하고 있다.

이런 떠돌이 생활을 하면서 몸에 밴 경향은 한국 안에서든 밖에서든 황석영의 삶 내내 이어진다. 한때는 가출하여 동굴에서 책을 읽으며 하루를 보내기도 했고, 한때는 절의 행자가 되기까지 했다. 몇 달 만에 그의 어머니가 그를 찾아 절에 와서 그를 데려갔다. 몇 년 후 베트남전쟁이 터지자 어머니는 그를 전장에서 빼내기 위해 애쓰기도 했다. 그 무렵 그는 이미 베트남과 한국에서도 죽을 뻔한 경험을 여러 번 넘긴 후였다. 그가 책에 언급하는 몸과 마음에 얻은 상처의 수는 그가 한국 근현대사의 중요한 인물, 장소, 사건과 조우하며 경험한 것들과 거의 일치한다.

황석영은 《수인》에서 자신의 이야기와 소설을 연결하면서 영감의 원천이 된 실제 경험들을 주저 없이 언급한다. 이 책을 읽고 바로 떠오른 것은 황석영의 소설이 아니라 윤제균 감독의 2014년 영화 〈국제시장〉이었다. 〈국제시장〉은 황석영 작가와 비슷한 세대인 한 남자의 삶을 통해 대한민국의 근현대사를 다룬 〈포레스트 검프〉 스타일의 역사 영화다. 이 영화 역시 전쟁의 혼란과 빈곤, 부비트랩이 가득한 베트남 정글에서의 고군분투를 그려냈다. 물론 〈국제시장〉은 한국 특유의 장르인 가벼운 신파에 집중하면서 권위주의 시대를 보수적으로 낭만화했다는 비판을 받았다. 반면 《수인》은 그와 정반대의 태도로 감상적인 요소를 배제한 채 개발주의가 한창이던 대한민국을 날카롭게 비판할 기회를 포착해냈다.

그 개발주의는 1961년 군사 쿠데타로 정권을 잡고 1979년 암살당할 때까지 대통령으로 한국을 통치한 박정희에 의해 의인화되어온 것이었다. 박정희의 통치 기간 동안 황석영은 해남의 시골 마을에 살았다. 해남은 전국을 휩쓸던 '새마을운동'의 파괴적인 영향으로 이미 전통을 잃어버린 지역이었다. "면 단위에는 빈집들이 늘어나고 있었다." 그렇게 말한 황석영은 "오늘날 새마을운동이 박정희의 치적으로 평가받고 있으나 모든 일에는 명암이 있기 마련이다. (중략) 빈농들은 고향을 떠나 도시 변두리의 빈민이 되었고 저임금노동자가 되었다"(2권 323~324쪽)고 덧붙인다.

황석영은 또한 베트남에 대해 "나는 아직도 자유롭게 모든 것을 다 말할 수는 없다"(2권 216쪽)라고 말한다. 그가 파괴된 마을과 무자비한 살육의 현장을 생생하게 기억한다는 점을 감안할 때 그의 말은 많은 걸 시사한다. 베트남 남부의 작은 마을인 밀라이에서 벌어진 학살 사건도 "베트남전쟁에서의 일상적인 여러 가혹 행위 중의 일부에 불과했다"(2권 216쪽)는 것이다. 그리고 그 사건들은 한국군과도 깊은 관련을 가진다. 그 한국군들은 〈국제시장〉에서 다루는 모습과는 꽤나 달라 보인다.

"나는 한국전쟁 이래로 이러한 폭력이 우리에게 내면화되었고 베트남전쟁으로 심화되면서 몇 년 뒤에 광주에서 아무렇지도 않게 백주의 살육이 일어날 수 있었던 것이라고 생각한다. 특히 베트남전쟁은 우리가 아시아에서 타자에게 폭력을 가한 첫 케이스로 툭하면 일본의 과거사를 들추면서도 자신의 잘못은 돌아보지 않고 있는 부끄러운 사례다."(2권 216~217쪽) 그가 보기에 21세기 한국은 "민주주의라는 세련된 겉옷을 걸치고 있으나 몸체는 분단된 안보국가라는 본질적 결함은 벗어나지 못하고 있는"(2권 441쪽) 박정희 독재 정권의 위선을 그대로 간직하고 있는 나라다.

황석영의 반골 기질은 그를 노골적인 반권위주의자로 만들었다. 한국 정부가 일찍부터 그를 트러블메이커로 낙인찍을 정도였다. 물론 그 반골 기질이 그가 조국을 영원히 버리지 못하도록 막은 것도 사실이다. 그는 운명적인 북한 방문 후 그다음 목적지인 독일에 계속 머물 수도 있었고, 미국으로 넘어가 머물 수도 있었다(가족을 미국에 이주시켰고 미 국방부와의 오랜 줄다리기 끝에 시민권을 받았기 때문이다). 북한의 김일성 주석이 그를 환영하겠다고 개인적으로 호소하기까지 한 것을 볼 때 그는 분명 북한에도 충분히 머물 수 있었을 것이다. 그러나 그는 자신이 "어디까지나 남한 역사의 산물이므로 내가 여기 있어봤자 식객일 뿐"(1권 340쪽)이라는 것을 알았다. 더 나쁘게는 그라는 존재가 필연적으로 양쪽 모두에 의해 선전용으로 이용당할 수밖에 없다는 걸 깨달았다.

일본, 유럽, 미국에 머무는 몇 년 동안 황석영은 항상 언젠가는 한국으로 돌아가 처벌을 받을 생각이었다. 그 처벌은 북한을 방문했다는 이유로 자신을 기다리고 있는 것이었다. 독일의 소설가 루이제 린저가 망명 신청을 하라고 제안하자 황석영은 "모국어가 있는 곳에 돌아가야 합니다"(1권 46쪽)라고 답했다. 그런 점에서 황석영과 관련된 일련의 사건은 국가보안법의 불합리함을 보여주는 대표적인 사례로 남게 된다.

그는 1993년 4월 비행기에서 내리자마자 체포된다. '독일 함부르크에서 열렸던 국제펜PEN대회에서 황석영의 석방을 촉구하는 운동'이 진행됐지만(반면 관변단체에 불과했던 한국펜은 그에게 전혀 도움을 주지 않았다는 사실은 이 장에서 주로 다루는 테마 중 하나다) 이러한 노력들은 결국 결실을 맺지 못했다. 황석영은 7년 형을 선고받고, 5년을 복역하다가 김대중 대통령에 의해 사면받았다.

그 무렵 황석영이 '고난의 행군'이라 언급한 북한의 1990년대 기근은 황석영의 사촌 두 명을 포함해 수십만 명(잠재적으로는 수백만 명)의 북한 주민을 죽음으로 몰아넣었다. 물론 황석영 자신도 수감 기간에 특별히 잘 먹었다고 할 수는 없다. 그는 열악한 환경에 대한 개선을 요구하며 19차례에 걸쳐 단식 투쟁을 벌였다. 그는 때로는 음식을 얻기 위해, 때로는 단지 글을 쓸 자유를 얻기 위해 단식을 하기도 했다. "방북 후 사 년의 망명 기간에는 작가라기보다 사회활동가로서의 삶을 살았으니 그렇다 치더라도, 감옥에서 글을 쓸 수 없다는 것은 작가에게 또 다른 형벌임을 저들은 잘 알고 있었다."(1권 104쪽)

황석영은 일기를 쓸 펜도 한 자루 없는 상황에서 정신적 고통과 신체적 불편을 견디기 위해 사용했던 방법들을 놀라울 정도로 상세하게 회상한다. 황석영의 파란만장한 인생이 담긴 다른 장들도 충분히 흥미롭다. 베트남전쟁에 참전한 경험을 포함한 몇몇 에피소드들은 감옥 생활을 덜 힘들게 느껴지게 만들 정도로 끔찍하다. 소설가 김훈이 '새내기 기자'로 등장하는 장면부터 고故 박원순 서울시장이 황석영을 무료 변호하는 장면까지, 한국 문학과 정치에 관심을 가져온 사람들이라면 책 곳곳에 등장하는 이름들을 많이 알아볼 것이다. 그 외에도 오에 겐자부로와 당시 '미국펜PEN America'의 회장이었던 수전 손택 등이 외국의 유명 인사로 등장한다.

　황석영의 소설과 수필은 거의 대부분 21세기에 들어서야 영어 번역본이 출간되었다. 또한 대부분 그가 출소 이후 집필한 작품들이다(소라 킴 러셀이 번역한 《낯익은 세상》과 《바리데기》는 미국 서평지에도 리뷰된 적 있다). 황석영이 이름을 알린 17세기 산적의 이야기 《장길산》은 아직 영어권 독자들에게 공개되지 않은 작품으로, 한국의 정치와 사회를 은밀하게 비판한다. 물론 요즘 그는 자신의 비판적 관점을 좀 더 노골적으로 드러낸다. 하지만 여전히 어떤 아이디어는 소설을 통할 때에만 가장 잘 전달된다.

참고문헌

단행본

김종현, 《한번 까불어보겠습니다》, 달, 2018.

조남주, 《82년생 김지영》, 민음사, 2016.

황석영, 《수인》 1~2권, 문학동네, 2017.

마이클 브린, 《한국, 한국인》, 실레북스, 2018.

윌리엄 알렉산더, 《나이 들어 외국어라니》, 바다출판사, 2017.

크리스천 랜더, 《아메리칸 스타일의 두 얼굴》, 을유문화사, 2012.

Helen DeWitt, *The Last Samurai*, New Directions Publishing Corporation, 2016.

Jieheerah Yun, *Globalizing Seoul: The City's Cultural and Urban Change*, Routledge, 2017.

Julie Barlow, Jean-Benoît Nadeau, *The Bonjour Effect: The Secret Codes of French Conversation Revealed*, St. Martin's Press, 2016.

Kevin O'Rourke, *My Korea: 40 Years Without a Horsehair Hat*, Renaissance Books, 2013.

P. J. O'Rourke, *Holidays in Hell*, Grove Press, 2000.

Sangjoon Lee, *Rediscovering Korean Cinema*, University of Michigan Press, 2019.

Youjeong Oh, *Pop City: Korean Popular Culture and the Selling of Place*, Cornell University Press, 2018.

정기간행물
〈행복이 가득한 집〉, 2009년 2월호.
〈Koreana〉, vol.26. no.4. 2012 winter.

언론
이규현, "좋은 길은 좁을수록 좋고 나쁜 길은 넓을수록 좋다", 〈조선일보〉, 2006. 6. 13.

양병호, "강남스타일의 역설과 풍자", 〈전북도민일보〉, 2012. 10. 22.

허성준, "空間에 평생 바친 김수근, 서울 곳곳 숨은 작품은?", 〈조선비즈〉, 2013. 7. 20.

"[건축가 김수근] 건축은 빛과 벽돌이 짓는 시다", 〈중앙일보〉 2016. 6. 10.

Andrew Salmon, "I·Seoul·U: The case for", *The Korea Times*, 2015. 11. 9.

Anthony Lane, "Oscars 2020: The Year of Bong Joon-ho (and Cow Insemination)", *The New Yorker*, 2020. 2. 10.

Dave Zirin, "The 1988 Seoul Olympics Were a Horror Show of Human Rights Abuses. Will Rio Be the Same?", *The Nation*, 2016. 4. 21.

Jon Dunbar, "Have you ever ⋯ produced propaganda?", *The Korea Times*, 2018. 8. 10.

Kim Young-jin, "Nicknames a must at Starbucks in Korea", *The Korea Times*, 2014. 6. 17 .

Kim Hyung-eun, "Architect's focus on 'poverty' invokes richness of space", *Korea Joongang Daily*, 2012. 12. 3.

Koo Se Woong, "Korea, Thy Name is Hell Joseon", *Korea Exposé*, 2015. 9. 22.

Mark Greif, "What's Wrong With Public Intellectuals?", The Chronicle of

Higher Education, 2015. 2. 13.

Michael Breen, "In Korean Democracy, the People Are a Wrathful God Koreans demanded, and received, the impeachment of their president. But there's a thin line between the collective will and mob rule", *Foreign Policy*, 2016. 12. 19.

Michael Hauben, "Common Sense: The Net and Netizens", *alt.culture.usenet*, 1993. 7. 6.

Moeko Fujii, "What "Isle of Dogs" Gets Right About Japan", *The New Yorker*, 2018. 4. 13.

Philip.W.Chung, "'All-American Girl': Is It Good or Bad Television?", *Los Angeles Times*, 1994. 12. 5.

Rachel Premack, "Why Korean companies are forcing their workers to go by English names", *Washington Post*, 2017. 5. 12.

Sharon Choi, "Bong Joon Ho Interpreter Sharon Choi Relives Historic 'Parasite' Awards Season in Her Own Words", *Variety Megazine*, 2020. 2. 18.

Sheon Han, "The Humanities is the Next Frontier for South Korea's Chaebol", *Korea Exposé*, 2019. 7. 7.

Simon Anholt, "Simon Anholt on Brand Korea", *Nation-Branding*, 2008. 9. 3.

Steven Borowiec, "The debate over South Korea's 'comfort women'", *Al Jazeera*, 2017. 1. 30.

Tim Parks, "Raw and Cooked", *The New York Review*, 2016. 6. 20.

인터넷 사이트

"[서울] 공간사옥 : 신사의 품격 촬영지 – 공간, 김수근, 공간사옥", 2012. 11. 19, https://blog.naver.com/dibrary1004/30148992924 (국립중앙도서관 공식 블로그)

한국 요약 금지

초판 1쇄 발행 2024년 2월 20일
초판 3쇄 발행 2024년 4월 11일

지은이 콜린 마샬
발행인 김형보
편집 최윤경, 강태영, 임재희, 홍민기, 박찬재, 강민영
마케팅 이연실, 이다영, 송신아   **디자인** 송은비   **경영지원** 최윤영

발행처 어크로스출판그룹(주)
출판신고 2018년 12월 20일 제 2018-000339호
주소 서울시 마포구 양화로10길 50 마이빌딩 3층
전화 070-4808-0660(편집) 070-8724-5877(영업)   **팩스** 02-6085-7676
이메일 across@acrossbook.com   **홈페이지** www.acrossbook.com

ⓒ Colin Marshall 2024

ISBN 979-11-6774-140-0 03300

만든 사람들
편집 박찬재   **교정** 윤정숙   **표지디자인** [★]규   **본문디자인** 송은비   **조판** 박은진   **일러스트** 최광렬